构建新发展格局
干部读本

全国干部培训教材编审指导委员会办公室组织编写

党建读物出版社

出 版 说 明

2020 年 4 月，习近平总书记创造性提出"构建以国内大循环为主体、国内国际双循环相互促进的新发展格局"，并在其后的一系列重要讲话中特别是在党的十九届五中全会上，对构建新发展格局作出全面部署。加快构建新发展格局，是习近平新时代中国特色社会主义经济思想的又一重大理论成果，是应对新发展阶段机遇和挑战、贯彻新发展理念的战略选择，对我国实现更高质量、更有效率、更加公平、更可持续、更为安全的发展，意义重大而深远。为帮助党员干部提高构建新发展格局的政治能力、战略眼光、专业水平，敢于担当、善于作为，把构建新发展格局这一战略决策贯彻落实好，我们组织编写了《构建新发展格局干部读本》一书，供各级干部教育培训机构教学使用和广大党员干部学习参考。

全国干部培训教材

编审指导委员会办公室

2021 年 11 月

目 录

第一讲
构建新发展格局的背景和重大意义

　　加快构建以国内大循环为主体、国内国际双循环相互促进的新发展格局，是党中央根据我国发展阶段、环境、条件变化，审时度势作出的重大决策，是事关我国发展全局的系统性、深层次变革，是立足当前、着眼长远的战略谋划。我们要从全局和战略的高度，准确把握其时代背景、全局意义和深刻内涵，在中央统一领导部署下，结合各地各部门实际积极贯彻落实。

一、我国进入新发展阶段是构建新发展格局的时代背景

　　党的十九届五中全会提出，全面建成小康社会、实现第一个百年奋斗目标之后，我们要乘势而上开启全面建设社会主义现代化国家新征程，向第二个百年奋斗目标进军，这标志着我国进入了一个新发展阶段。准确把握这一深刻的时代背景，是加快构建新发展格局的根本前提。

　　习近平总书记指出，作出我国进入新发展阶段这一战略判断，

有着深刻的理论依据、历史依据和现实依据。

从理论依据看，我们党在运用马克思主义基本原理解决中国实际问题的实践中逐步认识到，发展社会主义不仅是一个长期历史过程，而且是需要划分为不同历史阶段的过程。马克思主义基本原理认为，生产力决定生产关系，经济基础决定上层建筑，因此一定的生产力发展水平决定了一定的社会发展阶段。新中国成立以来，我们是在一个生产力水平极低的基础上开始建设社会主义，必然要随生产力水平的逐步成长，经历具有不同特点的发展阶段。毛泽东同志曾提出："社会主义这个阶段，又可能分为两个阶段，第一个阶段是不发达的社会主义，第二个阶段是比较发达的社会主义。后一阶段可能比前一阶段需要更长的时间。"邓小平同志提出："社会主义本身是共产主义的初级阶段，而我们中国又处在社会主义的初级阶段，就是不发达的阶段。一切都要从这个实际出发，根据这个实际来制订规划。"我国仍是世界上最大的发展中国家，全面实现社会主义现代化还有一个相当长的奋斗过程。同时，经过新中国成立 70 余年特别是改革开放 40 多年来的发展，我国发展水平已经实现了重大跨越，即将迈入全球高收入国家行列。这就决定了今天我们所处的新发展阶段，既是社会主义初级阶段中的一个阶段，同时又是其中经过几十年积累、站到了新的起点上的一个阶段。

从历史依据看，新发展阶段是中国共产党带领人民迎来从站起来、富起来到强起来历史性跨越的新阶段。我们党成立后，团结带领人民经过 28 年浴血奋战和顽强奋斗，建立了中华人民共和国，实现了从新民主主义革命到社会主义革命的历史性跨越。新中国成立后，我们党团结带领人民创造性完成社会主义改造，确立社会主义基本制度，大规模开展社会主义经济文化建设，实现了从社会主革命到社会主义建设的历史性跨越。进入历史新时期，我们党带领人民进行改革开放新的伟大革命，极大激发广大人民群众的积极性、主动性、创造性，成功开辟了中国特色社会主义道路，使中国大踏步赶上时代，实现了社会主义现代化进程中新的历史性跨越，迎来了中华民族伟大复兴的光明前景。今天我们进入新发展阶段，就是在全面建成小康社会的基础上，续写全面建设社会主义现代化国家的历史新篇章。

从现实依据看，我们已经拥有开启新征程、实现新的更高目标的雄厚物质基础。经过新中国成立以来特别是改革开放40多年的不懈奋斗，到"十三五"规划收官、建党100周年之际，我国经济实力、科技实力、综合国力和人民生活水平跃上了新的大台阶，成为世界第二大经济体、第一大工业国、第一大货物贸易国、第一大外汇储备国，国内生产总值超过100万亿元，人均国内生产总值超过1万美元，城镇化率超过60%，中等收入群体超过4亿人。特别是我国全面建成小康社会，解决困扰中华民族几千年的绝对贫困问题，在我国社会主义现代化建设进程中具有里程碑意义，为我国进入新发展阶段、朝着第二个百年奋斗目标进军奠定了坚实基础。

从国际环境看，当今世界正经历百年未有之大变局，全球范围内的秩序和格局调整成为大趋势。国际力量对比正在发生深刻调整，"东升西降"大趋势加速演进。和平与发展仍然是时代主题，人类命运共同体理念深入人心，同时国际环境日趋复杂，不稳定性不确定性明显增加。特别是经济全球化遭遇逆流，新冠肺炎疫情影响广泛深远，世界进入动荡变革期，单边主义、保护主义、霸权主义对世界和平与发展构成威胁。新一轮科技革命和产业变革深入发展，生产力的迅速发展带来新的增长动力和机遇，也对原有经济结构、收入分配和社会治理带来深刻挑战。

党的十九届五中全会指出，进入新发展阶段，要统筹中华民族伟大复兴战略全局和世界百年未有之大变局，深刻认识我国社会主要矛盾变化带来的新特征新要求，深刻认识错综复杂的国际环境带来的新矛盾新挑战，增强机遇意识和风险意识，立足社会主义初级阶段基本国情，保持战略定力，办好自己的事，认识和把握发展规律，发扬斗争精神，树立底线思维，准确识变、科学应变、主动求变，善于在危机中育先机、于变局中开新局，抓住机遇，应对挑战，趋利避害，奋勇前进。加快构建新发展格局，就是党中央根据我国发展环境和条件变化，作出的一项关系我国发展全局的重大战略决策，必须从全局高度准确把握和积极推进。

二、我国发展格局演变的总体过程和发展趋势

在现代市场经济条件下，国民经济是一个各类要素和商品不断循环流转的动态体系，需要生产、分配、流通、消费各环节的有机衔接。如果经济循环畅通，就会物质产品增加，社会财富积聚，人民福祉增进，国家实力增强，从而形成螺旋式上升的发展过程。所谓发展格局，就是一国国民经济各环节各要素之间、国内经济与世界经济之间，在一定发展阶段上相对稳定的循环流转关系。通俗地说，就是资源从哪里来，生产在哪里进行，产品往哪里去。

发展格局是由时代背景、内外部环境、发展条件等多种因素决定的，一定的发展格局又影响着、塑造着一个国家的内外部经济关系，可以说，一个时代有一个时代的发展格局，发展格局是时代的重要标志。

在近现代世界史上，在不同的历史时期，曾经出现过各种不同形态的发展格局。比如在资本主义发展的早期，出现过以欧洲、美洲、非洲之间大三角贸易循环为主的发展格局。19世纪中后期，出现过资本主义列强利用殖民扩张瓜分世界市场和原材料产地，各自利用殖民体系进行国际循环的发展格局。20世纪50—80年代，在美苏两大阵营进行"冷战"的环境下，出现过美苏两大集团相互对垒，但各自内部进行国际分工和经济循环的发展格局。20世纪90年代以来到2008年国际金融危机之前，随着"冷战"的结束和经济全球化的发展，世界上一度形成欧美消费、东亚生产、非洲拉美供应资源的新大三角发展格局。

新中国成立以来，我国经济发展格局也随内外部环境变化不断演变，大体可以分为三大阶段。

改革开放前，我国经济以国内循环为主，进出口占国民经济的比重很小。这是当时的国际环境和国内发展条件所决定的。在国际上，美苏两大集团尖锐对立，西方国家对我国实施经济封锁，中苏关系也出现破裂，国际贸易的空间十分有限。在国内发展方面，当时的主要任务是实现工业化，在"一穷二白"基础上动员和集中有限资源，建立起独立的、比较完整的工业体系和国民经济体系，因此实行了高度集中的计划经济体制，强调自力更生和内部循环，并把应对战争风险放在突出位置。在这样的内外部环境下，我国发展的资源、生产和消费都基本立足国内，形成国内循环占绝对主导的发展格局。

改革开放后，我们打开国门，扩大对外贸易和吸引外资，加入国际大循环，形成了市场和资源（如矿产资源）"两头在外"、形成"世界工厂"的发展格局，对我国抓住经济全球化机遇快速提升经济实力、改善人民生活发挥了重要作用。这一发展格局的巨大转变，是由 80 年代以后的内外部环境和发展条件所决定的。党的十一届三中全会后，中央准确判断世界大势，作出和平与发展成为时代主题、世界大战打不起来的战略判断，决定扩大对外开放。同时，传统高度集中的计划经济体制已不能适应新时期进一步解放和发展社会生产力的需要，我国开始推动经济体制改革，探索运用市场机制发展经济。我国外部环境的改善，以及后来"冷战"的结束，使我国能够更广泛地进入国际市场，利用全球资源。国内社会主义市场经济体制的逐步建立，使国内市场与国际市场形成有效联动。当时我国经济体量相对于世界经济的比例很小，经济技术差距很大，劳动力成本很低，一旦融入国际市场，受到外部经济的拉动作用非常明显。因此 2001 年加入世贸组织后，我国利用当时世界经济较快增长、国际产业分工加快调整的机遇，深度参与国际分工，积极参与国际大循环，抓住战略机遇期，实现了快速发展。2001 年至 2008 年，我国外贸进出口年均增长 21%，国内生产总值年均增长 10.7%。但同时，也出现顺差和对外依存度过高等经济失衡问题，影响经济的长期可持续发展。

2008 年国际金融危机是我国发展格局演变的一个重要分水岭。面对百年一遇的外部危机冲击，我们实施扩大内需战略，推动经济再平衡，有效应对外部市场收缩风险，国内循环在我国经济中的作用开始显著上升。党的十八大以来，基于国内外形势变化，党中央作出我国经济发展进入新常态的判断，推进供给侧结构性改革，同时坚持实施扩大内需战略，使发展更多依靠内需特别是消费需求拉动，有效改善了国内经济循环和内外部经济关系，经济再平衡取得显著进展。我国对外贸易依存度（对外贸易总额占国内生产总值的比例）从 2006 年峰值的 64.2% 下降到 2020 年的 33%，经常项目顺差占国内生产总值比重由最高时的 10% 以上降至目前的 1% 左右，内需对经济增长的贡献率大都在 90% 以上，有 7 个年份超过 100%。可以说，自 2008 年国际金融危机以来，随着外部环境和我国发展所具有的要素禀赋的变化，市场和资源"两头在外"的国际大循环动能明显减弱，而我国内需潜力不断释放，国内大循环活力日益强劲，客观上有着此消彼长的态势，我国经济已经在由以往主要依靠国际大循环的发展模式向国内大循环为主体的方向转型。发展格局的进一步演变，是经济发展的客观趋势和必然要求。

三、党中央提出构建新发展格局的战略考量

2008 年发生的百年一遇的国际金融危机对全球经济产生了重大而深远的影响，不仅造成短期的金融海啸冲击，还使世界经济陷入长期低迷，特别是一些发达国家遭遇前所未有的经济困境。在这一背景下，不少国家面临失业高企、贫富分化、社会矛盾加剧的问题，导致经济领域的保护主义、政治领域的民粹主义、国际关系领域的单边主义显著上升，贸易摩擦大量增加，使经济全球化遭遇逆风逆流，国际经济循环格局发生深度调整，也使我国发展面临的外部环境出现重大变化。其中最为突出的现象，是 2018 年以来中美经贸摩擦的快速升级。美国采取加征关税、技术封锁、限制科教人文交流等一系列措施，对我国发展进行打压遏制。特别是利用关键核心技术对我"卡脖子"的事情频繁发生，一纸禁令就可以使得一个企业、一个行业陷入困境乃至停摆，中兴事件、华为事件就是典型的代表。产业链供应链被外部人为因素打断，给我国经济产业安全带来严重

不利影响。同时，我国战略资源能源的对外依赖度较高，农产品特别是粮食进口持续增加，在外部环境风险上升的背景下，维护能源和粮食安全的压力日益上升。从国内发展条件看，进入新发展阶段，经济发展面临要素供给下降和需求减弱的挑战。只有大力强化国内循环，提升国内供给体系支撑能力，有效扩大内需，才能支撑未来的经济发展，实现第二个百年目标。

新冠肺炎疫情全球大流行，使得过度依赖国际大循环的风险进一步暴露出来。疫情在全球的蔓延迫使各国先后实施不同程度的封闭措施，国际人流、物流一度大面积中断，原来分布全球的产业链供应链出现大范围断裂，很多生产、流通活动不得不中止。我国作为全球制造业第一大国，受到的影响尤其明显，突出表现在汽车、电子产品等大量零部件依赖进口的产业上。2020年3月29日至4月1日，习近平总书记来到浙江，就统筹推进新冠肺炎疫情防控和经济社会发展工作进行调研，重点考察了港口、汽车产业等受疫情影响和复工复产情况。在疫情冲击下，全球产业链供应链发生局部断裂，直接影响到我国国内经济循环。当地不少企业需要的国外原材料进不来、海外人员来不了、货物出不去，不得不停工停产。习近平总书记在考察中指出，随着境外疫情加速扩散蔓延，国际经贸活动受到严重影响，我国经济发展面临新的挑战。要在严格做好疫情防控工作的前提下，有力有序推动复工复产提速扩面，积极破解复工复产中的难点、堵点，推动全产业链联动复工。加强对国际经济形势的研判分析，及时制定有针对性的政策举措，保持国际供应链畅通，保障各类经贸活动正常开展。

正如习近平总书记指出的那样，危和机总是同生并存的，克服了危即是机。新冠肺炎疫情全球大流行既给我们带来巨大冲击和挑战，也给我国加快科技发展、推动产业优化升级带来新的机遇。大进大出的环境条件已经变化，必须根据新的形势提出引领发展的新思路。关键是要辩证分析形势，全面权衡，准确识变、科学应变、主动求变，善于从眼前的危机、眼前的困难中捕捉和创造机遇。

2020年4月10日，习近平总书记主持召开中央财经委员会第七次会议，从统筹推进新冠肺炎疫情防控和经济社会发展工作实践出发，研究涉及国家中长期经济社会发展战略的若干重大问题，首次提出构建新发展格局的重要思想。习近平总书记在会议上指出，当今世界正经历百年未有之大变局，这次疫情也是百年不遇，既是一次危机，也是一次大考，我们要切实做好外防输入、内防反弹工作，决不能让疫情卷土重来，同时要举一反三，进行更有长远性的思考，完善战略布局，做到化危为机，实现高质量发展。这个新的战略布局的核心，就是构建以国内大循环为主体、国内国际双循环相互促进的新发展格局。

一方面，要坚定实施扩大内需战略，构建完整的内需体系。这是当前应对疫情冲击的需要，是保持我国经济长期持续健康发展的需要，也是满足人民日益增长的美好生活的需要。大国经济的优势就是内部可循环，我国有14亿多人口，人均国内生产总值已经突破1万美元，是全球最大最有潜力的消费市场。居民消费优化升级，同现代科技和生产方式相结合，蕴含着巨大增长空间。要牢牢把握扩大内需这一战略基点，使生产、分配、流通、消费各环节更多依托国内市场实现良性循环，明确供给侧结构性改革的战略方向，促进总供给和总需求在更高水平上实现动态平衡。国内循环越顺畅，越能形成对全球资源要素的引力场，越有利于构建以国内大循环为主体、国内国际双循环相互促进的新发展格局，越有利于形成参与国际竞争和合作新优势。

另一方面，要优化和稳定产业链供应链。产业链供应链在关键时刻不能掉链子，这是大国经济必须具备的重要特征。疫情冲击暴露出我国产业链供应链存在的风险隐患。为保障我国产业安全和国家安全，要着力打造自主可控、安全可靠的产业链供应链。在复工复产中要努力重塑新的产业链，全面加大科技创新和进口替代力度，这是深化供给侧结构性改革的重点，也是实现高质量发展的关键。要拉长长板，巩固提升优势产业的国际领先地位，拉紧国际产业链对我国的依存关系，形成对外方人为断供的强有力反制和威慑能力。要补齐短板，在关系国家安全的领域和节点构建自主可控、安全可靠的国内生产供应体系，在关键时刻可以做到自我循环，确保在极端情况下经济正常运转。要大力加强防灾备灾体系和能力建设，舍得花钱肯下功夫。要维护产业链供应链的全球公共产品属性，推动形成维护全球产业链供应链安全、消除非经济因素干扰的国际共识和准则。

因此，党中央提出构建新发展格局，最主要的战略考量是发挥大国经济优势，形成完整内需体系和顺畅的国内大循环，保证关系国计民生和国家经济命脉的重点产业形成完整有韧性的产业链供应链，确保在极端情况下经济正常运行和社会大局稳定，同时充分利用国际市场和资源，使国内国际两个循环相互促进，形成参与国际竞争和合作新优势。这个战略布局，既适应了世界经济环境变化的现实要求，又顺应了我国发展方式和发展格局演进的客观趋势，是着眼全局和长远，准确识变、科学应变、主动求变的成果，是为了在危机中育先机、于变局中开新局所作出的重大战略抉择。

理解和把握新发展格局，必须澄清一些模糊认识，搞清楚"是什么""不是什么"。

构建新发展格局是把握发展主动权的先手棋，不是被迫之举和权宜之计。从国际比较看，大国经济的特征都是内需为主导、内部可循环。我国作为全球第二大经济体和制造业第一大国，国内经济循环同国际经济循环的关系客观上早有调整的要求。在当前国际形势充满不确定性的背景下，立足国内、依托国内大市场优势，充分挖掘内需潜力，有利于化解外部冲击和外需下降带来的影响，也有利于在极端情况下保证我国经济基本正常运行和社会大局总体稳定。

构建新发展格局是开放的双循环，不是封闭的国内单循环。我国经济已经深度融入世界经济，同全球很多国家的产业关联和相互依赖程度都比较高，内外需市场本身是相互依存、相互促进的。经济全球化虽然遭遇逆流，但仍是世界生产力发展的大方向，没有哪个国家能完全离开世界市场而发展。以国内大循环为主体，绝不是关起门来封闭运行，而是通过发挥内需潜力，使国内市场和国际市场更好联通。在新发展格局中，国内大循环是基础、是主体，参与国际循环是经济全球化和国际产业分工格局下的必然要求。在国际循环出现不畅情况下，强化国内大循环的主体地位，有利于稳定国内经济基本盘，也有利于带动和激活国际循环，为各国提供更多市场机会，使我国成为吸引全球优质要素资源的强大引力场，使国内循环和国际循环相互促进、相得益彰。

构建新发展格局是以全国统一大市场基础上的国内大循环为主体，不是各地都搞自我小循环。党中央作出构建新发展格局的战略安排，提出以国内大循环为主体，是针对全国而言的，不是要求各地都搞省内、市内、县内的自我小循环。党中央提出构建新发展格局后各地都积极响应，这要充分肯定，但各地区要找准自己在新发展格局中的定位和比较优势，把构建新发展格局同实施区域重大战略、区域协调发展战略、主体功能区战略、建设自由贸易试验区等有机衔接起来，不能以"内循环"的名义搞地方保护和"小而全"。要像交通上打通省界、市界、县界"断头路"那样，进一步撤除有形无形的市场分割壁垒，共同构建国内统一大市场，积极参与国内国际双循环。有条件的地区可以率先探索有利于促进全国构建新发展格局的有效路径，发挥引领和带动作用。

四、构建新发展格局对全面建设社会主义现代化国家的重大意义

构建新发展格局是适应我国发展新阶段要求、更好贯彻新发展理念的战略抉择和主动布局，对于实现高质量发展和全面建设社会主义现代化国家具有重大而深远的意义。

构建新发展格局有利于掌握发展的战略主动权。我国作为一个人口众多和超大市场规模的社会主义国家，在迈向现代化的历史进程中，必然要承受其他国家都不曾遇到的各种压力和严峻挑战，必须在发展中积极谋划、前瞻布局，努力掌握战略主动。毛泽东同志在革命战争年代曾说："无论处于怎样复杂、严重、惨苦的环境，军事指导者首先需要的是独立自主地组织和使用自己的力量。被敌逼迫到被动地位的事是常有的，重要的是要迅速地恢复主动地位。如果不能恢复到这种地位，下文就是失败。主动地位不是空想的，而是具体的，物质的。"面对发展环境中的不利因素，我们只有主动布局、立足自身，打造强有力的国内大循环，改变过度依赖国际市场的原有局面，才能任由国际风云变幻，始终充满朝气地发展下去。加

快构建新发展格局，就是要在迎击各种困难和挑战中，增强我们的生存力、竞争力、发展力、持续力，在新的发展形势下掌握战略主动，确保社会主义现代化的顺利推进，最终实现中华民族伟大复兴。

构建新发展格局有利于统筹发展和安全。安全是发展的前提，发展是安全的保障。当今世界正经历百年未有之大变局，我国发展的外部环境日趋复杂。当前和今后一个时期是我国各类矛盾和风险易发期，各种可以预见和难以预见的风险因素明显增多。我们必须坚持统筹发展和安全，增强机遇意识和风险意识，树立底线思维，把困难估计得更充分一些，把风险思考得更深入一些，注重堵漏洞、强弱项，下好先手棋、打好主动仗。改革开放以来，我们遭遇过很多外部风险冲击，最终都能化险为夷，靠的就是办好自己的事、把发展立足点放在国内。防范化解各类风险隐患，积极应对外部环境变化带来的冲击挑战，关键在于办好自己的事，提高发展质量，提高国际竞争力，增强国家综合实力和抵御风险能力，有效维护国家安全，实现经济行稳致远、社会和谐安定。构建新发展格局，能够显著提高国民经济的抗风险能力，对于统筹发展和安全具有重要意义。

构建新发展格局有利于推动高质量发展。我国经济已由高速增长转向高质量发展阶段，这是我国发展阶段、发展环境、发展条件变化所决定的客观趋势。当前，我国社会主要矛盾已经转化为人民日益增长的美好生活需要和不平衡不充分的发展之间的矛盾，发展中的矛盾和问题集中体现在发展质量上。这就要求我们必须把发展质量问题摆在更为突出的位置，着力提升发展质量和效益。构建新发展格局，就是要坚持扩大内需这个战略基点，使生产、分配、流通、消费更多依托国内市场，形成国民经济良性循环，坚持供给侧结构性改革的战略方向，提升供给体系对国内需求的适配性，打通经济循环堵点，提升产业链供应链的完整性，使国内市场成为最终需求的主要来源，形成需求牵引供给、供给创造需求的更高水平动态平衡。构建新发展格局，将改善我国的需求和供给结构，促进发展方式转变，提升供给体系的质量和效益，推动质量变革、效率变革、动力变革，实现高质量发展，使发展成果更好惠及全体人民，不断实现人民对美好生活的向往。

构建新发展格局有利于塑造国际合作和竞争新优势。新发展格局决不是封闭的国内循环，而是开放的国内国际双循环。构建新发展格局，要以新的形式深入参与国际循环，这是构建新发展格局的题中应有之义。我们推动形成宏大顺畅的国内经济循环，一方面有利于增强经济发展韧性，与时俱进提升我国经济发展水平；另一方面能更好吸引全球资源要素，既满足国内需求，又提升我国产业技术发展水平，形成参与国际经济合作和竞争新优势。市场是全球的稀缺资源，我们要在更高水平上扩大对外开放，更好地利用国际国内两个市场、两种资源，依托国内强大市场，打造市场化、法治化、国际化营商环境，使我国成为吸引全球优质要素资源的强大引力场，成为外商投资兴业的沃土，使国内循环和国际循环相互促进、相得益彰，促进同各国互利共赢、共同繁荣发展。构建新发展格局绝不意味着对外开放地位的下降，而是意味着更高水平的对外开放。展望未来，我国外贸进口和出口、利用外资、对外投资的规模将会持续扩大，在国际经济中的地位也会继续提升。

总之，构建新发展格局是应对新发展阶段机遇和挑战、贯彻新发展理念的战略选择，明确了我国经济现代化的路径选择。我们要认真学习领会党中央这一战略部署的深刻内涵，不断提高政治判断力、政治领悟力、政治执行力，心怀"国之大者"，不断提高把握新发展阶段、贯彻新发展理念、构建新发展格局的政治能力、战略眼光、专业水平,敢于担当、善于作为,结合各自工作实际,把党中央的决策部署贯彻落实好。

延伸阅读

1. 习近平:《论把握新发展阶段、贯彻新发展理念、构建新发展格局》,中央文献出版社 2021 年版。

2.《〈中共中央关于制定国民经济和社会发展第十四个五年规划和二〇三五年远景目标的建议〉辅导读本》,人民出版社 2020 年版。

3.《党的十九届五中全会〈建议〉学习辅导百问》,党建读物出版社、学习出版社 2020 年版。

第二讲
构建新发展格局的理论内涵和外延

加快构建以国内大循环为主体、国内国际双循环相互促进的新发展格局，是党的十九届五中全会提出的一项关系我国发展全局的重大战略任务，是应对新发展阶段机遇和挑战、贯彻新发展理念的战略选择和经济现代化路径选择，需要从全局高度准确把握和积极推进。理论是行动的指南。积极推进构建新发展格局，要深刻理解新发展格局的理论内涵，充分认识到进入新发展阶段、贯彻新发展理念、构建新发展格局，是由我国经济社会发展的理论逻辑、历史逻辑、现实逻辑决定的。

一、构建新发展格局的理论依据

构建新发展格局的关键词是"经济循环"。习近平总书记指出，构建新发展格局的关键在于经济循环的畅通无阻。经济活动本质是一个基于经济分工和价值增值的信息、资金和商品（含服务）在居民、企业和政府等不同的主体之间流动循环的过程。经济循环流动是经济学最早的范畴之一，也是经济活动最本质的特征。马克思主义政治经济学认为，经济过程是生产、分配、流通、消费四个环节的循环过程，经济循环畅通才能使得再生产和经济运行正常进行。马克思在《资本论》中分析了资本循环周转的基本原理，为理解经济循环提供了基本分析框架。在现代市场经济条件下，经济循环畅通需要满足一系列条件，遵循基本的经济发展和经济运行规律。

经济循环畅通，需要社会生产和再生产的各个环节建立起动态稳定、分工有序的技术经济联系。根据政治经济学原理，生产居于社会经济活动的核心环节，一定的生产决定一定的分配、流通、消费和这些不同要素相互间的关系。社会再生产要保持连续不断，这四个环节之间必须形成有机整体，使再生产过程形成良性循环的资源配置结构、富有活力的运行体制与机制。国民经济要实现更大规模、更高水平的发展，就要不断推动社会扩大再生产，优化升级生产、分配、流通和消费体系，使它们相互促进、协同发展。这意味着，一方面，对于高水平经济循环而言，要牢牢把握住生产这个环节，扎实提高科学技术水平，不断发展先进生产力，实现由外延型扩大再生产向内涵型扩大再生产的转变，确保核心生产技术、工艺、流程掌握在自己手中；另一方面，构建新发展格局要更具有协同性和动态性的思维，不仅仅根据供给侧、需求侧等单方面政策，也不单单是生产、分配、流通、消费某个环节的战略或者政策，而是围绕经济循环的系统动态的政策组合。

经济循环畅通，关键在于确保社会总产品能够顺利实现。社会总产品由各种使用价值构成，需要通过交换实现价值补偿和物质补偿，使得社会总资本运动不断进行。从微观来看，单个资本的循环想要顺利进行，其生产的产品必须要在市场上成功售卖，才能获得再生产所需的生产资料和资金。单个资本的运动不是彼此孤立、相互隔绝,而是彼此关联、互为条件。各种资本循环在空间上并存、时间上继起,一旦某个或多个单个资本的循环周转发生中断,相互之间的联动效应也会在不同程度上影响社会总资本的运动。因此,社会总资本的运动受到社会总产品的价值组成部分之间的比例制约,不同社会生产部门、不同产业之间的资本所生产的产品不仅要在总量上达到供求平衡,在结构上也要达到供求匹配。这就需要不断提高供给质量和供给水平,以匹配日益升级的国内需求体系,充分满足人民群众对于更加美好生活的需要。与此同时,要坚持扩大内需,挖掘内需潜力,不断提高社会消费能力,提升经济发展的自主性、可持续性和韧性,焊牢经济循环的易断点,保证社会总产品能够充分有序实现。

经济循环可以根据经济活动的国家边界,区分为基于国内分工的国内经济循环和基于全球分工的国际经济循环。在当今经济全球化和全球价值链分工的时代,很少有国家只有国内经济循环,绝大多数基本上都参与程度不同的国际循环,各国经济已经形成相互进行广泛的商品贸易、跨国投资、产业分工、技术转移、人员交往等关系。参与国际循环程度的不同意味着经济开放度的差异,无论参与国际循环的程度如何,其根本目的是促进国内经济发展。一个国家可以认为是一个开放的经济系统,其参与国际经济循环的程度可以根据系统环境和自身条件的变化进行选择,可以通过国内经济循环和国际经济循环的协同互补来有效发挥一个经济体的比较优势,同时避免国际环境的负面影响,这构成经济发展的战略导向。虽然近一段时间国际上出现了逆全球化倾向,但经济全球化的大趋势不会出现颠覆性的变化,一个国家的经济活动很难置身于经济全球化之外。

在全球生产分工背景下，经济循环畅通是以全球价值链体系的良性运转为重要前提的。人类的相互交往和相互依赖具有不断扩大的趋势，经济全球化是生产社会化程度不断提高的必然结果，是人类历史发展的必然趋势。产业链供应链跨国合作成为现代经济组织方式的普遍形态，企业和产业的发展充分参与全球产业链和供应链的循环过程。这使得国家嵌入全球价值链体系之中，在全球价值链中能够获得的收益取决于其所处的分工位置，也有赖于这一体系的良性运转。我们应准确把握和评估我国产业链供应链和关键技术的现状，分析创新链、供应链、产业链和价值链分布，改变出口导向战略形成的长期处于价值链中低端的分工地位。

构建新发展格局明确了我国新发展阶段的经济现代化路径选择。从现代化理论看，构建新发展格局是中国的社会主义现代化进程进入新发展阶段的必然要求，是与现代化新阶段相适应的经济现代化路径。在新发展阶段，中国经过了从站起来到富起来阶段，已积累了比较雄厚的物质基础，综合国力已居世界前列，形成了超大规模的大国经济基础，无论是从生产供给角度看，还是从14亿多人巨大的市场潜力看，都具备了国内经济大循环的基本条件。不仅如此，中国改革开放以来低成本出口导向的工业化战略对中国实现经济赶超发挥了巨大作用，但在新发展阶段，关键核心技术受限、内需亟待开拓等弊端日益明显，已经不适应新发展阶段的需要。综合考虑经济全球化面临的挑战和发展趋势，加快构建在更高开放水平上实现国内经济大循环为主体、国内国际双循环相互促进的新发展格局，就成为新发展阶段的经济现代化路径必然选择。习近平总书记指出，构建新发展格局最本质的特征是实现高水平的自立自强，必须更强调自主创新。这意味着，构建新发展格局是一种充分利用大国经济优势、围绕自主创新驱动经济循环畅通无阻的经济现代化战略。

二、国民经济各环节循环畅通的重要意义

构建以国内大循环为主体、国内国际双循环相互促进的新发展格局，需要打通生产、分配、流通、消费的堵点和梗阻，促进生产要素自由流动和资源优化配置，提高国民经济循环效率，增强经济发展的内生动力。

生产环节是社会再生产环节的起点，对整个国民经济循环具有决定性作用。对于当前我国国内经济大循环而言，国民经济畅通运行的重要条件是保障生产环节的关键核心技术自主供给。在以前的追赶阶段，我国技术进步主要依靠引进消化吸收再创新，技术创新以终端产品的集成创新为主。在外部环境深刻变化的背景下，我国科技创新原创能力和底层技术供给不足的短板被暴露出来，对产业循环形成"瓶颈"制约。只有增强自主创新能力，提升原始创新能力，在关键核心技术领域实现自主可控，才能推动科技创新在畅通循环中发挥关键作用。产业链供应链的稳定性和竞争力也是影响生产环节的重要因素。我国在全球产业链体系中整体上处于中低端，在产品质量和性能上与发达国家差距仍然较大，对全球资源的整合和控制能力不足，存在短板和风险，迫切需要补链强链，增强抵御风险能力。

分配环节是衔接生产与消费的桥梁和纽带，对生产和消费有着重要影响。居民收入分配的效果直接关系扩大消费和国内经济大循环畅通，合理的收入分配体系有助于激发我国的内需潜力。我国收

入分配体系建设已取得积极进展，但国内居民收入水平提升速度与经济增速并不匹配，尤其是劳动报酬在初次分配中的比重还有待提高，收入分配差距依然较大，城乡居民收入差距成为影响收入分配的重要因素。在当前我国经济循环的分配环节上，应坚持和完善社会主义收入分配制度，切实提高居民收入水平。这就要求加大收入分配改革力度，着力提高低收入群体收入，改善收入分配和财富分配格局。

[知识链接]

党的十八大以来，城乡居民收入增速超过经济增速，城镇居民、农村居民人均可支配收入已从2013年的26467元、9430元分别增加达到2020年的43834元、17131元；低收入群体收入增速加快，企业退休人员基本养老金不断提高，到2020年历史性地解决了绝对贫困问题。2020年我国最终消费支出对国内生产总值增长的贡献率达54.3%，形成了超大规模市场优势和内需潜力，对加快新发展格局的形成具有重要基础作用。

流通环节在国民经济中发挥着基础性作用，是有效衔接从生产到消费各环节的"大动脉"。在社会再生产过程中，流通效率和生产效率同等重要，是提高国民经济总体运行效率的重要方面。高效流通体系能够在更大范围把生产和消费联系起来，扩大交易范围，推动分工深化，提高生产效率，促进财富创造。要加强现代流通体系建设，完善硬件和软件、渠道和平台，夯实国内国际循环的重要基础。加快完善国内统一大市场，形成供需互促、产销并进的良性循环。

消费环节是经济循环过程的最终目的和动力。我国国内经济大循环中的最后环节体现在消费，人民日益增长的美好生活需要最为直接的体现是居民消费。消费体系无疑对于扩大内需、畅通国内经济大循环具有最终的牵引效应。我国消费市场具有巨大的潜力，城镇人口超过欧洲总人口，中等收入群体超过美国总人口。居民消费需求升级日益明显，大批量、标准化、排浪式消费已经逐渐走向个性化、多样化、高端化消费，互联网和移动支付技术的发展带动了电商平台的异军突起，现代物流和快递使得商品流通时间大大缩短，有力破除了制约消费的空间、时间壁垒。不过，受制于社会保障体系不健全、供给体系不完善等各方面因素，我国消费市场的潜力还没有完全发挥出来。这就要求加快提高居民收入水平，健全社会保障体系，切实减轻居民的生活压力，使人们愿消费、能消费、敢消费；同时，推动供给体系更好适应消费市场的新变化，不断满足人民群众新的消费需求和消费方式。

从宏观上来讲，畅通循环对于经济发展意义重大。我们经济面临周期性因素和结构性因素叠加、短期问题和长期问题交织、外部冲击和新冠肺炎疫情冲击碰头等多重影响，经济发展遇到重大挑战。通过畅通循环将有助于我国激发长期以来积累的雄厚物质基础、丰富人力资源、完整产业体系、强大科技实力，未来一个时期，我国国内市场主导经济循环的特征会更加明显，经济增长的内需潜力会不断释放。从需求看，我国有 4 亿多中等收入人群，我国商品零售总额即将超过美国，位居世界首位，今后还有稳步增长空间。从供给看，我国基于国内大市场形成的强大生产能力，能够促进全球要素资源整合创新，使规模效应和集聚效应最大化发挥。

从微观上来讲，畅通循环将有助于改善经济运行效率，激发市场主体活力，提高人民生活水平。市场主体是经济的力量载体，保市场主体就是保社会生产力。当前，我国微观经济运行当中仍存在价格机制不活、要素流动不畅、市场激励不足等问题，以中小微企业为代表的市场主体存在不同程度的融资、用工等困难。在畅通国内经济大循环的过程中，生产、分配、流通等环节改革将不断深化，打通生产资料、人力资源、资本等要素的循环通道，将能够有效优化资源配置效率、降低全社会交易成本、缓解就业体系压力。在新发展格局下，分配体系进一步优化，就业结构性矛盾能够有效缓解，有效拉动内需，人民群众的需求变化将及时得到反映，有利于人民生活水平稳步提高。

三、大国经济条件下国内国际两个循环的相互关系

大国经济具有其自己的独特性。库茨涅兹在《各国的经济增长》一书中按人口将所有样本国分为 22 个大国和 35 个小国，实证分析结果是在同样的人均国内生产总值水平下，大国工业尤其是制造业占比份额比较大；钱纳里等在《发展的格局：1950—1970》中揭示了大国和小国在发展格局上的差异，认为虽然大国和小国在发展格局上可以归结出许多不同，但大国经济发展的最一般特征是由于人口众多、市场容量巨大，可以体现出更多内

向化的倾向。

习近平总书记指出，大国经济的特征都是内需主导、内部可循环。通过对经济大国的比较分析，我们能够明显发现这一规律。比如，美国在二战后通过马歇尔援助计划，利用出口导向型战略实现经济快速发展，以此确立了以美国为首的世界经济政治格局。然而，20世纪70年代西方资本主义国家发生的"滞胀"现象使美国对外贸易受阻，美国逐步将经济转变为以"内循环"为主的发展模式，确立了以居民消费驱动为主的经济发展模式，以较低储蓄率和较高借贷率所维持的超前消费是美国居民消费的典型特征，此后内需尤其是家庭消费在国内生产总值中占据主导地位。日本在第二次世界大战后凭借"贸易立国"，利用不到20年的时间成为仅次于美国的第二大经济体。之后日本确立了以内需为主的经济增长方式，鼓励居民扩大消费，优化消费结构，内需占比一直维持在高位；此外，日本的外需保持了一定比重的顺差，形成了以国内循环为主体、国际循环蓬勃发展的经济增长模式。图2—1、图2—2为中国、美国和日本国际经济循环的具体变化情况。

对于我国而言，我国是一个具有超大经济规模的经济大国。我国是世界第一人口大国，人均国内生产总值已经突破1万美元，具有全球最大最有潜力的消费市场。居民消费优化升级，同现代科技和生产方式相结合，蕴含着巨大增长空间。党的十八大以来，基于国内外形势的发展变化，我们党提出推进供给侧结构性改革，有效改善了供求关系，同时坚持实施扩大内需战略，使发展更多依靠内需特别是消费需求拉动，对外贸易依存度从2006年的64.2%下降到2019年的31.8%，经常项目顺差同国内生产总值的比率由2007

图 2—1　1970—2018 年中美日三国对外贸易依存度

数据来源：世界银行

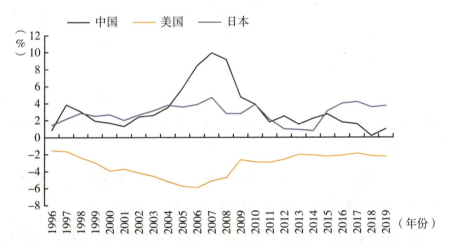

图 2—2　1996—2019 年中美日三国经常项目顺差占国内生产总值比重

数据来源：世界银行

年的 9.9% 降至现在的不到 1%，国内需求对经济增长的贡献率有 7 个年份超过 100%。从与美日两国的比较中可以发现，我国的经济发展进程符合大国发展的一般规律，已经逐步转向以内需为主拉动经济发展的阶段。未来一个时期，国内市场主导国民经济循环特征会更加明显，经济增长的内需潜力会不断释放。针对中国这个超大规模经济体，未来处理国内和国际经济循环关系时应该把握以下两方面。

一方面，要加强国内大循环在双循环中的主导作用，协同推进强大国内市场和贸易强国建设。国内循环越顺畅，越能形成对全球资源要素的引力场，越有利于构建以国内大循环为主体、国内国际双循环相互促进的新发展格局，越有利于形成参与国际竞争和合作新优势。构建新发展格局，实行高水平对外开放，必须具备强大的国内经济循环体系和稳固的基本盘，并以此形成对全球要素资源的强大吸引力、在激烈国际竞争中的强大竞争力、在全球资源配置中的强大推动力。我们要牢牢把握扩大内需这一战略基点，使生产、分配、流通、消费各环节更多依托国内市场实现良性循环，明确供给侧结构性改革的战略方向，促进总供给和总需求在更高水平上实现动态平衡。扩大内需和扩大开放并不矛盾。国内循环越顺畅，越能形成对全球资源要素的引力场，越有利于形成参与国际竞争和合作新优势。

另一方面，新形势下，我们要坚定不移扩大对外开放，建设更高水平开放型经济新体制，形成国际合作和竞争新优势，为构建新发展格局提供强大动力。当今世界，经济全球化潮流不可逆转，任何国家都无法关起门来搞建设，中国也早已同世界经济和国际体系深度融合，同全球很多国家的产业关联和相互依赖程度都比较高，内外需市场本身是相互依存、相互促进的。2013 年习近平总书记提出"一带一路"倡议，备受国际社会关注，沿线国家广泛响应。截至 2021 年初，共有 140 个国家和 31 个国际组织与我国签署了 205 份合作文件，基本形成了"六廊六路多国多港"的互联互通架构。我国先后设立 21

个自贸试验区，实行高水平的贸易和投资自由化便利化政策，累计与 26 个国家和地区签署 19 个自贸协定，特别是区域全面经济伙伴关系协定（RCEP），涵盖全球人口、经济总量和对外贸易约 30%，是全球规模最大、最具发展潜力的自贸区。中国开放的大门不仅不会关闭，而且会越开越大。着眼于未来的历史进程，中国发展是属于全人类进步的伟大事业，今日之中国，不仅是中国之中国，而且是世界之中国，我们推动更高水平开放的脚步不会停滞，推动建设开放型世界经济的脚步不会停滞。

[知识链接]

海南自由贸易港是按照中央部署，在海南全岛建设自由贸易试验区和中国特色自由贸易港，是党中央着眼于国际国内发展大局，深入研究、统筹考虑、科学谋划做出的重大决策。2018 年 4 月 13 日，习近平总书记在庆祝海南建省办经济特区 30 周年大会上郑重宣布，党中央决定支持海南全岛建设自由贸易试验区，支持海南逐步探索、稳步推进中国特色自由贸易港建设，分步骤、分阶段建立自由贸易港政策和制度体系。2020 年 6 月 1 日，中共中央、国务院印发了《海南自由贸易港建设总体方案》，并发出通知，要求各地区各部门结合实际认真贯彻落实。2020 年 8 月 24 日，海南公布了中英文《2020 海南自由贸易港投资指南》。

四、构建新发展格局需要解决的重点问题

构建新发展格局是一个系统工程，既要加强战略谋划和顶层设计，也要注意把握推进过程中的重点问题。构建新发展格局的关键则在于经济循环的畅通无阻，习近平总书记形象地比喻为调理好统摄全身阴阳气血的任督二脉。只有这样才能连续不断地实现社会再生产过程，保证经济持续增长和经济结构不断优化。当前阻碍中国经济循环畅通的因素，既有供给侧结构性因素，也有需求侧内需潜力得不到有效释放问题，还有世界百年未有之大变局下国际环境不确定性不稳定性明显加大的影响，这要求从战略和政策上要实现：通过深化供给侧结构性改革来提高供给体系对国内需求的适配性，与加强需求侧管理来扩大对供给的有效需求相结合；国内国际双循环互相促进要求实现经济增长动力在更高水平对外开放基础上的内外平衡，既要对内深化改革、激励技术创新、实现经济的创新驱动发展，又要全面提高对外开放水平、形成全面开放新格局、实现经济的开放发展，最终实现国内国际双循环互相促进；在经济效率与经济安全之间的统筹平衡，实现更有效率、更为安全的产业体系和区域布局。

一是坚持深化供给侧结构性改革这条主线，保证供给侧有效畅通，增强供给体系的韧性，形成更高效率和更高质量的投入产出关系，实现经济在高水平上的动态平衡。在2018年中央经济工作会议提出"巩固、增强、提升、畅通"要求中，畅通国民经济循环，形成国内市场和生产主体、经济增长和就业扩大、金融和实体经济良性循环，就是供给侧结构性改革的重要要求之一。新发展格局下，供给侧结构性改革应该更加以畅通国内经济大循环为目标，针对生

产、分配、流通、消费各环节的堵点，破除制约经济循环的制度障碍，推动生产要素循环流转和各环节有机衔接，加快培育统一开放、竞争有序的市场体系，激发供给体系，提高供给质量，更好地满足市场需求转型升级和灵活多样的变化，提升供给体系对需求的适配性。尤其是通过供给侧结构性改革，积极推进制造强国建设，不断提升产业基础高级化和产业链现代化水平，促进先进制造业和现代服务业深度融合，促进数字技术与实体经济深度融合，培育先导性和支柱性产业，推动战略性新兴产业融合化、集群化、生态化发展，强化基础设施支撑引领作用，提升服务业效率和服务质量，从而形成实体经济、科技创新、现代金融、人力资源协同发展的现代产业体系，实现以供给体系质量提升引领和创造新需求，最终形成需求牵引供给、供给创造需求的更高水平动态平衡。

构建新发展格局要通过深化供给侧结构性改革，完善国家创新体系和创新生态，把科技自立自强作为国家发展的战略支撑，提高我国创新能力，打通关键核心技术大多依赖国外供给的经济循环中的"卡点"，提升中国产业在全球价值链中的地位。构建新发展格局最本质的特征是实现高水平的自立自强，加强自主创新。这是确保国内经济大循环畅通、塑造我国在国际大循环中新优势的关键，这也就是中国在新发展阶段经济现代化战略的核心要求。习近平总书记指出，当前我国经济发展环境出现了变化，特别是生产要素相对优势出现了变化。劳动力成本在逐步上升，资源环境承载能力达到了瓶颈，旧的生产函数组合方式已经难以持续，科学技术的重要性全面上升。在这种情况下，我们必须更强调自主创新。因此，党的十九届五中全会提出，坚持创新在我国现代化建设全局中的核心地位，把科技自立自强作为国家发展的战略支撑，面向世界科技前沿、面向经济主战场、面向国家重大需求、面向人民生命健康，深入实施科教兴国战略、人才强国战略、创新驱动发展战略，完善国家创新体系，加快建设科技强国。要强化国家战略科技力量，制定科技强国行动纲要，健全社会主义市场经济条件下新型举国体制，打好关键核心技术攻坚战，提高创新链整体效能。

[知识链接]

　　党的十九届五中全会审议通过的《中共中央关于制定国民经济和社会发展第十四个五年规划和二〇三五年远景目标的建议》指出："强化国家战略科技力量。制定科技强国行动纲要，健全社会主义市场经济条件下新型举国体制，打好关键核心技术攻坚战，提高创新链整体效能。"举国体制是指国家能够有效组织动员全国力量实现国家发展和安全保障特定目标的体制机制安排，主要特征是依靠国家政治力量和行政资源。新型举国体制是在社会主义市场经济制度下的体制机制安排，强调既要使市场在资源配置中起决定性作用，也要更好发挥政府作用，不仅要实现国家特定目标，还要注重调动市场主体有效参与。当前，新一轮科技革命和产业变革深入发展，一些竞争领域涉及国家发展和安全特定目标，需要发挥新型举国体制优势，集中力量办大事，强化国家战略科技力量，牢牢把握高质量发展主动权。

二是要深入实施扩大内需战略，加快培育完整内需体系，这是畅通国民经济循环，增强国内大循环主体地位的重要基础。这具体包括加快培育包括现代市场体系、现代产业体系、收入分配体系和新型消费体系等在内的完整内需体系，进一步释放内需潜力。而加快培育完整内需体系，除了要求深化供给侧结构性改革外，还要求需求侧管理的配套支持。具体而言，财政政策和货币政策不仅要围绕经济增长、充分就业、物价稳定、国际收支平衡四大目标综合施策，还应该充分体现统一开放、竞争有序的现代市场体系建设的要求，积极促进创新引领、协同发展的现代产业体系发展，尤其是要坚持就业优先，切实提高居民收入水平，建立和完善体现效率、促进公平的收入分配体系，保证居民人均可支配收入增长与经济增长基本同步。另外，需求侧管理要在挖掘国内消费潜力、加快消费转型升级、塑造新型消费体系方面发挥积极作用，特别是要积极推动新型城镇化，合理增加公共消费，依托公共消费更好带动居民消费增长，加快新型消费基础设施建设投资，大力促进消费数字化转型。

加强需求侧管理，实施扩大内需战略，要十分重视建设强大的国内市场。当今世界，最稀缺的资源是市场。市场资源是我国的巨大优势，我国具有全球最完整、规模最大的工业体系、强大的生产能力、完善的配套能力，必须充分利用和发挥这个优势，不断巩固和增强这个优势，形成构建新发展格局的雄厚支撑。习近平总书记指出，扩大内需并不是应对金融风险和外部冲击的一时之策，也不是要搞大水漫灌，更不是只加大政府投入力度，而是要根据我国经济发展实际情况，建立起扩大内需的有效制度，释放内需潜力，加快培育完整内需体系，加强需求侧管理，扩大居民消费，提升消费层次，使建设超大规模的国内市场成为一个可持续的历史过程。

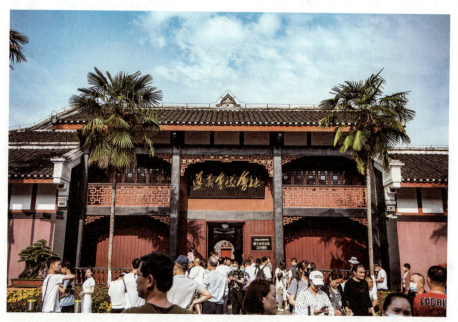

2021 年五一假期贵州遵义红色旅游人气旺

三是加快构建新发展格局一定要注重统筹发展和安全，这是构建新发展格局的重要前提和保障，也是畅通国内大循环的题中应有之义。要贯彻落实总体国家安全观，坚持国家利益至上，加强国家安全体系和能力建设。把握好开放和安全的关系，既善于运用发展成果夯实国家安全基础，又着力化解发展过程中的风险挑战，牢牢把握国家安全的战略主动。大力提升国内监管能力和水平，完善安全审查机制，确保粮食安全，保障能源和战略性矿产资源安全，全面提高公共安全保障能力，重视运用国际通行规则维护国家安全。

延伸阅读

1. 习近平:《把握新发展阶段，贯彻新发展理念，构建新发展格局》,《求是》2021 年第 9 期。

2. 习近平:《正确认识和把握中长期经济社会发展重大问题》,《求是》2021 年第 2 期。

3. 习近平:《我国经济已由高速增长阶段转向高质量发展阶段》,《习近平谈治国理政》第三卷，外文出版社 2020 年版。

4. 习近平:《深入理解新发展理念》,《习近平谈治国理政》第二卷，外文出版社 2017 年版。

第三讲
加快科技自立自强

自立自强是一个民族生存发展的追求，也是一个国家繁荣强盛的重要基础。党的十九届五中全会指出，坚持创新在我国现代化建设全局中的核心地位，把科技自立自强作为国家发展的战略支撑，这是以习近平同志为核心的党中央在深刻认识我国社会主要矛盾变化带来的新特征新要求，深刻认识错综复杂的国际环境带来的新矛盾新挑战基础上，统筹中华民族伟大复兴战略全局和世界百年未有之大变局，把握世界大势、立足当前、着眼长远作出的重大战略布局。加快科技自立自强是构建新发展格局的必然要求，也是新时代赋予我们的重大历史使命。

一、发挥科技自立自强在构建新发展格局中的关键作用

（一）科技自立自强是应对国际经济科技竞争格局深刻调整、把握新一轮科技革命和产业变革机遇的必然选择

提升在国际格局调整中的位势必须依靠科技自立自强。全球面

临国际秩序深刻调整，国际力量对比发生深刻变化，新兴市场国家和发展中国家快速崛起，全球创新版图逐步向多中心发展。我国经济总量跃居世界第二，连续多年成为世界经济增长引擎，众多主要经济指标位居世界前列，在国际格局中占据越来越重要的地位。同时，国际经济政治格局复杂多变，逆全球化思潮抬头，保护主义、单边主义上升，个别国家对我国遏制打压不断升级，我国发展面临的不确定性、不稳定性大大增加。从某种意义上说，科技实力决定着世界政治经济力量对比的变化，科技创新成为影响国际格局重构的"关键变量"，成为大国博弈的主战场，需要通过科技自立自强增强综合国力和核心竞争力，提升我国在国际格局中的位势。

抢占新一轮科技革命和产业变革的制高点必须依靠科技自立自强。当前，新一轮科技革命和产业变革深入发展，前沿科技创新正逼近或超越人类认识极限，重要领域产业变革正从导入期向拓展期转变，新一代信息技术、生物技术、新能源等新兴技术快速发展并广泛应用，颠覆性技术创新不断涌现，正在深刻改变人类社会的生产生活方式和经济社会发展范式，引发国际产业分工重大调整，进而改变国家力量对比，重塑世界竞争格局。世界主要创新大国纷纷加大前沿科技布局，寻找科技创新的突破口，抢占科技革命和产业变革的先机和制高点。新科技革命和产业变革为我国科技创新提供了难得的赶超"机会窗口"，但关键核心技术是要不来、买不来、讨不来的，需要通过科技自立自强，下好先手棋，打好主动仗，在新赛场建设之初就加入其中，甚至主导一些赛场建设，成为新的竞赛规则的重要制定者、新的竞赛场地的重要主导者，赢得国家发展的主动。

支撑经济社会高质量发展必须依靠科技自立自强。科技创新对经济增长的驱动作用日益显著，我国科技进步贡献率从 2001 年的 39% 一路攀升至 2020 年的 60%。我国已进入高质量发展阶段，正处在转变发展方式、优化经济结构、转换增长动力的攻关期，需要通过科技自立自强最大限度地解放和激发科技作为第一生产力所蕴藏的巨大潜能，不断催生更多新技术、新产业、新业态和新模式，创造更多新的增长极，提高资源配置和使用效率，提升科技进步贡献率。

（二）科技自立自强是畅通国内大循环、塑造我国在国际大循环中主动地位的关键

科技自立自强是畅通国内大循环的基础前提。大国经济的重要特征之一就是内部可循环，具有巨大国内市场和供给能力。我国拥有全球最完整、规模最大的工业体系和完善的配套能力，具备了支撑国内大循环供给的能力基础，但仍存在一些关键核心技术受制于人，高科技产品对国外供应链依赖性强等问题，产业链供应链无法实现自主可控，面临被断供的风险，产业安全、经济安全和国防安全等受到威胁。当前，全球化遭遇逆流，同时，新冠肺炎疫情及其造成的经济衰退强化了部分国家的内顾倾向，全球产业链供应链受到非经济因素严重冲击，主要发达国家制造业产业链本土化意愿强烈，新兴发展中国家加速布局产业链的优势环节，我国产业链供应链稳定受到挑战。要畅通国内大循环，必须补齐产业链供应链短板，通过科技自立自强，构建自主可控、稳定可靠的现代化产业体系，才能在关键时刻实现高水平的国内大循环。

科技自立自强是我国赢得国际大循环主动权的有效路径。改革开放特别是加入世贸组织后，我国加入国际大循环，深度融入全球

经济体系，但我国产业总体上仍处于国际产业分工和价值链中低端。我国在世界经济中的地位持续上升，同世界经济的联系就会更加紧密，以更高水平融入全球经济体系，就是要提高我国在全球创新链、产业链和供应链中的地位，增强不可替代性。通过科技自立自强，能够有力推动我国产业向全球价值链中高端环节不断攀升，提高我国在全球产业发展和经济规则制定中的话语权和影响力，赢得在国际大循环中的主动权。同时，通过科技自立自强，可以巩固提升优势产业的国际领先地位，锻造一些"杀手锏"技术，持续增强全产业链优势，塑造我国参与国际经济合作和竞争的新优势。

（三）实现高水平自立自强是实现高质量发展的本质特征和根本路径

当前和今后一个时期，消费结构加快升级，出口需求和投资需求相对下降，供给结构不适应需求新变化，我国经济实现高质量发展面临的主要矛盾仍然在供给侧。实现高水平自立自强，提供更高水平科技成果，是提高供给体系质量和水平的根本路径。

高水平自立自强提升对消费升级的适配性。消费在我国经济发展中起基础性作用，2020年最终消费占国内生产总值的比重为54.3%，虽比几年前有所提高，但仍大幅低于发达国家平均80%的水平。我国有14亿多人口，有世界最大规模的中等收入群体，人均国内生产总值突破1万美元，消费总量扩大和消费结构升级的空间广阔。高水平自立自强可以更好地发展新技术、研发新产品、创造新模式，满足人们的美好生活需要，不断释放消费升级潜力。如新一代信息技术创新与应用，推动网上零售、在线教育、互联网医疗等消费新模式新业态，促进新型消费扩容提质。智能制造系统能够支撑企业、用户及其产品建立实时连接，通过对数据的深度分析挖掘，在产品基础上开发在线监测、远程运维、个性化定制等增值服务，从而更好地服务客户和消费者。

高水平自立自强拓展投资新空间。投资对优化供给结构具有关键作用。进入高质量发展阶段，扩大投资不是简单扩大再生产或走投资驱动增长的老路，更不是搞盲目和重复的无效投资，而是要拓展投资新空间，优化投资结构。例如，新基建正在成为我国稳投资和稳增长的重要突破口。高水平科技自立自强可以更好支撑以 5G 基站、数据中心、充电桩、工业互联网、人工智能开发中心等为代表的新基建投资，同时，激发更多新增需求，从而对产业赋能，形成新经济增长点，有利于推进经济持续高质量发展。

高水平自立自强优化出口结构。进出口是融入国际大循环的关键环节，出口结构一定程度上反映了国家的竞争优势。我国是全球最大的商品出口国，但出口商品附加值较低，如 2019 年我国向美国出口汽车零部件单位价值为 3860 美元 / 吨，不到美国向我国出口汽车零部件单位价值的 1/5。高水平自立自强有助于提高我国出口产品的质量和竞争力，提高出口效益。以知识产权、金融服务等为主的服务贸易是一种成本低收益高的高附加值贸易。美国和中国分别是世界上最大的服务贸易顺差国和逆差国，2019 年美国和我国服务贸易出口总额分别为 8467 亿美元和 2795 亿美元。提高科技供给质量，能够扩大服务贸易出口规模，优化我国出口结构。

二、我国生产要素比较优势变化对创新能力提出新要求

改革开放以来，我国根据要素禀赋和比较优势，主要依靠劳动

力、资源、资本等传统生产要素大规模高强度投入支撑了经济快速增长和规模扩张，经济社会发展取得了举世瞩目的成就。当前，我国已转向高质量发展阶段，支撑发展的要素条件发生了深刻变化，传统生产要素比较优势的红利减弱，"要素驱动"模式已难以为继。

（一）我国传统比较优势难以为继，需要科技创新提高传统生产要素的效率和潜能

我国劳动力成本不断上升，数量型"人口红利"正在逐步消失。过去 40 多年来，我国巨大的劳动力总量带来的人口红利促进了我国经济的持续发展。我们有源源不断的新生劳动力和农业富余劳动力，劳动力成本低是最大优势，引进资本、技术和管理就能迅速变成生产力。如今，人口老龄化程度进一步加深，劳动年龄人口总量下降，农业富余劳动力减少。第七次全国人口普查结果显示，2020 年我国 15—59 岁人口数量为 89438 万人，占人口总数比重为 63.35%，较 2010 年下降 6.79 个百分点。如今，中国正在逐渐告别以廉价劳动力为支撑的时代，转而进入技术升级和制造业升级的时代，未来工业劳动力需求的减少已经是大趋势。随着劳动力供给总量持续萎缩，劳动力成本将日益上升，部分低端制造业已经开始向劳动力成本更低、更具有比较优势的东南亚国家迁移。

能源和资源环境约束趋紧的趋势不可避免。我国是世界上最大的能源消费国，能源短缺问题突出。2020 年，全球能源消费净增量中，中国占比超过 3/4。2017 年，我国超过美国成为全球第一大石油进口国，对外依存度已经从本世纪初的 32% 飙升到 2020 年的 73%，能源安全面临严峻考验。我国资源要素约束日益突出。我国是第一大矿产资源消费国，在有统计的 40 种矿产资源中，我国

有 30 种矿产消费居全球第一，我国矿产资源禀赋与需求存在较大差距，大量矿产资源依赖进口。我国水资源短缺，人均水资源仅 2100立方米，不足世界平均水平的 1/3。土地供给日趋紧张，接近或超过资源环境承载能力的极限，耕地逼近 18 亿亩红线，人均建设用地和耕地面积分别为世界平均数的 15% 和 30%。自然资源用之不觉、失之难续，而科技和人才却会越用越多。我们必须改变过去依靠传统要素大规模高强度投入的粗放型发展方式，更多依靠科技创新提高生产效率，实现向创新驱动转变，推动质量变革、效率变革、动力变革。

（二）高质量生产要素条件已经具备，科技创新正在形成新比较优势

我国数量型人口红利见顶，但人才红利日益显现。我国劳动年龄人口平均受教育年限达到 10.5 年，新增劳动力中接受过高等教育的比例超过 48%，平均受教育年限达到 13.6 年以上，高于世界平均水平，为我国开展科技创新奠定良好的人力资本和人才资源基础。

新型数据要素规模巨大、丰富多样。新一轮科技革命和产业变革加速演进，以大数据、云计算、物联网和人工智能等为代表的新一代信息技术向各个领域扩散和渗透，经济活动数字化转型加快，数据对提高生产效率的乘数作用不断凸显，已成为最具时代特征的生产要素。我国是世界上人口最多、产业体系最完备、信息化基础设施领先的国家，每年创造出巨量的数据资源。据国际数据公司（IDC）预测，全球数据将从 2018 年的 33ZB 增至 2025 年的 175ZB。其中，中国数据增速最为迅猛，将从 2018 年的 7.6ZB 增至 2025 年的 48.6ZB，占全球总量的 27.8%，成为全球最大的数据国。这为我国构筑人工智能等未来产业发展新优势，加快建设创新型国家和世

界科技强国奠定了坚实基础。我们必须依靠科技创新充分发掘数据资源潜力，更好发挥数据作为新型高级生产要素的引擎作用，形成"数字红利"。

三、我国科技创新取得的成就

党的十八大以来，在以习近平同志为核心的党中央坚强领导下，在全国科技界和社会各界共同努力下，创新驱动发展战略深入实施，关键核心技术攻关全面展开，战略科技力量建设迈出重大步伐，重大科技任务有序实施，重大创新成果竞相涌现，创新实力整体提升。我国科技事业实现了历史性、整体性、格局性重大变化，一些前沿方向开始进入并行、领跑阶段，科技实力正处于从量的积累向质的飞跃、点的突破向系统能力提升的重要时期。

（一）我国科技实力跃上新的大台阶

"十三五"期间，全社会研发经费支出从 1.42 万亿元增长到 2.44 万亿元，研发投入强度从 2.06% 增长到 2.40%。基础研究经费增长近一倍，2020 年达到 1504 亿元。2020 年技术市场合同成交额超过 2.8 万亿元。世界知识产权组织发布的全球创新指数显示，我国创新能力综合排名从 2015 年的第 29 位跃升至 2020 年的第 14 位，是前 30 位中唯一的中等收入经济体。

（二）基础研究和战略高技术领域取得一批重大成果

坚持自由探索和目标导向相结合，注重"从 0 到 1"的原创导向，在若干战略必争领域实现"后发先至"，抢占尖端技术竞争制高点。北斗导航卫星全球组网成功，朝着服务全球的目标全速推进。"嫦娥四号"首次登陆月球背面，"嫦娥五号"实现地外天体采样，"天问一号"抵达火星，空间站核心舱发射成功，"奋斗者号"完成万米载人深潜，"雪龙二号"首航南极，悟空、墨子、碳卫星等科学实验卫星成功发射，磁约束核聚变大科学装置多项实验取得突破，散裂中子源、500 米口径球面射电望远镜等建成使用，有力彰显我国的综合国力和国际竞争力。

中国空间站天和核心舱发射任务取得圆满成功

（三）科技创新有力促进产业发展和结构转型

紧紧围绕产业链供应链关键环节、关键领域、关键产品，布局"补短板"和"建长板"并重的创新链。移动通信、油气开发、核电等科技重大专项成果支持新兴产业快速发展，5G、人工智能等新技术推动数字经济、平台经济、共享经济蓬勃兴起。新型显示产业技术和规模全球领先，时速 600 公里高速磁悬浮试验样车下线，新能

"中国天眼"500 米口径球面射电望远镜（FAST）

源汽车产销量连续 6 年位居世界第一。北京、上海、粤港澳大湾区国际科技创新中心加快建设，21 个国家自主创新示范区、169 个国家高新区创新发展引领辐射带动作用不断增强。企业创新主体地位进一步提升，"十三五"以来，我国企业研发投入年均增长近 12%，全社会研发经费支出中企业占 76.4%，国内发明专利申请量企业占65%。科技创新与金融资本的对接渠道更加顺畅，科创板上市企业超 230 家，总市值超 3 万亿元。

（四）科技创新支撑民生改善能力明显增强

脱贫攻坚期间，科技扶贫取得显著成效，数十万名科技特派员深入脱贫攻坚一线，实现对建档立卡贫困村科技服务和创业带动全覆盖。开展新冠肺炎疫情科研应急攻关，截至 2021 年 5 月，中国已有 17 支新冠疫苗进入临床试验阶段，其中 4 支疫苗获得国家药监局批准附条件上市。在疫情防控和救治两个战场协同作战过程中，科技都发挥了关键支撑作用。加强大气、水、土壤污染防治科技攻关，助力打赢污染防治攻坚战。2020 年，科研助理岗位吸纳高校毕业生就业 16.7 万人。

（五）科技开放合作深度和广度不断拓展

政府间科技合作稳步发展，与多个国家建立创新对话机制，深入实施科技合作伙伴计划。围绕牵头组织国际大科学计划和大科学工程，加强气候变化、空间、健康、能源、农业等国际科技合作。深度参与国际热核聚变实验堆、平方公里阵列射电望远镜等大科学工程。"一带一路"科技创新合作成效明显，科技人文交流、共建联合实验室、科技园区合作、技术转移 4 项行动取得丰硕成果。深入推进内地与港澳的科技创新合作，推动国家重点研发计划基础前沿类专项、国家自然科学基金优青基金项目向港澳开放。

尽管我国科技创新成就巨大，但也要清醒看到，与世界顶尖水平相比，很多领域还有较大差距。科学积淀还不够厚实，基础研究的原创能力不足，引领科技前沿方向的能力不足，引导全社会资源投入科技创新的能力不足，顶尖人才和高水平团队缺乏，创新体系整体效能有待提高等问题还亟待解决。

四、基础研究和关键核心技术对构建新发展格局意义重大

以习近平同志为核心的党中央高度重视基础研究和关键核心技术攻关。进入新发展阶段，构建新发展格局对基础研究和关键核心技术提出了新要求。在此背景下，深刻认识基础研究和关键核心技术的基础作用和时代特征，对于更好地构建新发展格局意义重大。

（一）基础研究是科技创新之源，关乎我国源头创新能力和国际科技竞争力的提升，对于构建新发展格局有着重要的基础性作用

习近平总书记指出，基础研究是整个科学体系的源头，是所有技术问题的总机关。经过新中国成立以来特别是改革开放以来多年发展，我国基础科学研究取得长足进步，整体水平显著提高，国际影响力日益提升，支撑引领经济社会发展的作用不断增强。基础研究承担着增强源头创新能力的重要使命，其产出的重大原创成果是抢抓历史机遇的重要前提。值得注意的是，随着科学技术的发展，传统意义上的基础研究、应用研究、技术开发和产业化的边界日趋模糊，科技创新链条更加灵巧，技术更新和成果转化更加便捷，产业更新换代不断加快。在这样的背景下，世界主要发达国家普遍强化基础研究战略部署，全球科技竞争不断向基础研究前移。为此，我们必须按照问题导向和需求引领，从国家发展的实际需要出发，加强基础研究和应用基础研究，通过解决"卡脖子"技术背后的核心科学问题，促使基础研究成果走向应用，从而提升自主创新能力。

（二）关键核心技术是国之利器，对于推动我国经济高质量发展，畅通国内经济大循环，保障国家安全具有重要意义

随着我国综合创新能力持续提升，一些前沿领域开始进入并跑、领跑阶段，但进入新发展阶段，关键核心技术受制于人已成为制约经济高质量发展的瓶颈，也是国家安全的重大隐患。只有把关键核心技术掌握在自己手中，才能从根本上推动产业链升级和高质量发展，保障国家经济安全、国防安全和其他安全。为此，党的十九届

五中全会强调："打好关键核心技术攻坚战，提高创新链整体效能。"加快关键核心技术攻关，努力在关键领域实现自主可控，保障产业链供应链安全，才能畅通国内大循环，掌握发展主动权，实现依靠创新驱动的内涵型增长。

关键核心技术的突破既要靠国家战略的驱动，更要依靠市场机制的推动。实践证明，一些领域的关键核心技术研究难以取得突破，一个重要原因就在于企业技术创新能力不强。习近平总书记指出："核心技术脱离了它的产业链、价值链、生态系统，上下游不衔接，就可能白忙活一场。"为此，要积极推进机制创新，探索建立市场经济条件下的新型举国体制，把集中力量办大事的政治优势和发挥市场机制有效配置资源的决定性作用结合起来，为关键核心技术攻关提供重要的制度保证。

进入新世纪以来，全球科技创新空前密集活跃，新一轮科技革命和产业变革正在重构全球创新版图，重塑全球经济结构。历史经验表明，那些抓住科技革命机遇走向现代化的国家，都是基础科学研究雄厚的国家；那些抓住科技革命机遇成为世界强国的国家，都是在关键科技领域处于领先行列的国家。面对基础科学研究的短板和一些关键核心技术依赖进口、容易被别人"卡脖子"的严峻挑战，一方面，我们要善于发现机遇、抓住机遇，瞄准世界科技前沿，强化基础研究，深化科技体制改革，促进基础研究与应用研究融通创新发展，着力实现前瞻性基础研究、引领性原创成果重大突破；另一方面，要聚焦产业链关键环节，以关键共性技术、前沿引领技术、现代工程技术、颠覆性技术创新为突破口，构建高效强大的共性关键技术供给体系，努力实现关键技术重大突破。

五、在开放条件下促进科技自立自强

对外开放是我国一项基本国策。以开放促改革、促发展，是我国现代化建设不断取得新成就的重要法宝。改革开放 40 多年来，开放合作、交流互鉴，对推动我国科技创新发挥了重要作用。当前，随着我国科技开放合作深度和广度不断拓展，中国的科技创新和发展越来越离不开世界，世界的科技进步也越来越需要中国。

（一）科技自立自强与开放合作是辩证统一的关系

习近平总书记强调，科学技术是世界性的、时代性的，发展科学技术必须具有全球视野。中国科技创新发展史表明，自立自强与开放合作相辅相成、辩证统一。开放合作是中国特色自主创新道路的题中应有之义；而科技自立自强遵循相互平等、相互尊重原则是进行开放合作的前提和基础。一方面，强调科技自立自强并不意味着自我封闭，科技自立自强必须借鉴国外先进经验，通过开放合作深度参与国际科技竞合，才能尽快突破关键核心技术，推动我国科技创新更快发展；另一方面，只有实现我国科技自立自强，关键核心技术不受制于人，才有对外开放的底气，向世界分享更多高质量的中国科技成果，并在对外开放中确保平等互惠的合作原则。

（二）实现科技自立自强必须坚持实施更大范围、更宽领域、更深层次对外开放

开放是国家繁荣发展的必由之路，我国的科技创新从来都不是封闭式的创新，科技自立自强从来都不是闭门造车，今后也不会关

起门来自己搞创新。面对外部环境变化，要坚定不移扩大对外开放，以开放促改革促发展，中国开放的大门永远不会关上。必须顺应我国经济深度融入世界经济的趋势，奉行互利共赢的开放战略，不断提升统筹和利用国内国际两个市场、两种创新资源的能力，以全球视野谋划和推动科技创新，全方位加强各领域国际科技创新合作，学习借鉴更多国际先进经验，从更高起点、以更高效率推进我国自主创新。

（三）中国科技自立自强是推动世界科技进步的重要源泉和深化国际合作的重要保障

在新一轮科技革命和产业变革的背景下，我国必须抢抓机遇，增强自主创新能力，打好关键核心技术攻坚战，实现科技自立自强，为世界科技进步作出重要贡献。中国既是科技开放合作的参与者、受益者，也是重要的贡献者、推动者。面对气候变化、能源资源、卫生健康等人类共同的挑战，任何一个国家都不可能孤立依靠自己的力量解决这些创新难题。基于不断积累的自主技术和原创性经验探索，今后中国扩大科技开放合作的步伐会越迈越大，将在应对全球性挑战中贡献更多"中国智慧"。

六、实现科技自立自强的路径和举措

（一）实现科技自立自强的路径

实现科技自立自强必须坚持习近平新时代中国特色社会主义思想，以习近平总书记关于科技创新重要论述和指示批示为指导，坚持和加强党对科技事业的全面领导，贯彻新发展理念，深入实施创新驱动发展战略，走出一条中国特色科技自立自强的道路，为推动高质量发展、构建新发展格局提供有力支撑，为迈进创新型国家前列奠定坚实基础。一是科技创新和制度创新双轮驱动。科技创新依赖于基础科学的发展、应用与创新，同时也依赖于具体生产技术本身的创新。制度和体制机制的创新是实现技术创新的基础和前提。创新是一个系统工程，创新链、产业链、资金链、政策链相互交织、相互支撑，科技创新、制度创新要协同发挥作用，两个轮子一起转。二是有为政府和有效市场紧密结合。既要发挥市场在科技资源配置中的决定性作用，激发创新主体活力，营造良好创新生态；又要发挥我国"集中力量办大事"的制度优势，构建社会主义市场经济条件下关键核心技术攻关新型举国体制，提升创新治理能力。三是自主创新与开放合作相互推动。坚持自主创新与开放合作的良性互动，在自主创新中扩大开放、兼容并蓄，在开放合作中提升自己、实现更高层次的自主创新和自立自强。四是能力提升和体系建设相互促进。围绕科技创新体系化能力提升，强化创新体系和创新能力建设，优化创新要素组合，提升集成创新能力，构建系统、完备、高效的国家创新体系，激发调动广大科技人员和创新主体的积极性、创造性，加快走出一条从人才强、科技强到产业强、经济强、国家强的创新发展新路径。

（二）实现科技自立自强的重点举措

加强国家战略科技力量。充分发挥国家作为重大科技创新组织者的作用，发挥新型举国体制优势，聚焦国家战略目标，围绕国家战略需求和长远发展的重大创新领域，建设高水平国家实验室体系；发挥好重要科研院所和高校国家队的作用，加快布局建设一批国家技术创新中心，促进重大基础研究成果实现产业化，为区域和产业发展提供源头技术供给；支持领军企业牵头组建创新联合体，建立"顶层目标牵引、重大任务带动、基础能力支撑"的国家科技组织模式，打造体现国家意志、服务国家需求、产出重大成果、在应急攻坚中靠得住用得上的科技力量；推动科技创新力量布局、要素配置、人才队伍体系化、协同化，强化跨部门、跨学科、跨军民、跨央地整合优势资源和力量。遵循区域创新规律，优化国家战略科技力量空间布局，加快北京、上海、粤港澳大湾区国际科技创新中心建设，打造一批具有国际竞争力的区域创新高地。

[知识链接]

国家实验室

国家实验室是以国家现代化建设和社会发展的重大需求为导向，开展基础研究、竞争前沿高技术研究和社会公益研究，积极承担国家重大科研任务的国家级科研机构。国家实验室是一个国家科研力量的"国家队"，"十四五"规划纲要提出要"加快构建以国家实验室为引领的战略科技力量"。

国家实验室作为一种世界通行的科研基地形式，兴起和发展于"二战"前后。作为世界头号科技强国，美国拥有庞大的国家实验室体系。美国国家实验室主要隶属美国能源部、国防部和国家航空航天局等联邦部委。其中，能源部下属的 17 个国家实验室是典型代表。

国家重点实验室

国家重点实验室是国家组织开展基础研究和应用基础研究、聚集和培养优秀科技人才、开展高水平学术交流、具备先进科研装备的重要科技创新基地，是国家创新体系的重要组成部分。经过 30 多年的建设发展，已成为孕育重大原始创新、推动学科发展和解决国家战略重大科学技术问题的重要力量。"十四五"规划纲要提出了"重组国家重点实验室"的具体任务，通过调整、充实、整合、撤销等方式，对现有国家重点实验室进行优化整合；在国家重大创新领域、基础学科、新兴交叉学科等新建一批国家重点实验室。

持之以恒加强基础研究。面向世界科学前沿和国家战略需求，坚持自由探索和目标导向并重，探索面向世界科学前沿的原创性科学问题发现和提出机制，构建从国家安全、产业发展、民生改善的实践中凝练基础科学问题的机制，增强创新驱动源头供给；聚焦信息技术、生物技术、纳米科技、认知科学等前沿领域，加强交叉协同融合，催生新的前沿方向，推动颠覆性技术创新，提升科技持续供给能力；制定实施基础研究十年行动方案，重点布局一批基础学科研究中心；加大对基础研究财政投入力度、优化支出结构，建立健全符合科学规律的评价体系和激励机制，创造有利于基础研究的良好科研生态。

[知识链接]

基础研究

经济合作与发展组织（OECD）和联合国教科文组织（UNESCO）将研究与试验发展活动分为三类，包括：基础研究、应用研究和试验发展。其中，基础研究主要是为获得关于客观现象和可观察事实的基本原理的新知识所进行的实验性或理论性工作。应用研究是为获得新知识而开展的独创性研究，主要是为了达到某一特定的实际目标。试验发展是运用基础研究和应用研究及实验的知识，为了推广新材料、新产品、新设计、新工艺和新方法，或为了对现有样机和中间生产进行重大改进的任何系统的创造性活动。

打好关键核心技术攻坚战。在事关国家安全和发展全局的基础核心领域，制定实施战略性科学计划和科学工程，实施一批具有前瞻性、战略性的国家重大科技项目。以基础零部件、基础软硬件、基础工艺、基础材料为突破口，加强仪器设备和关键试剂研发，为攻坚战提供基础性支撑；聚焦制造业、生物药物、农业和原材料行业等战略领域，围绕重要战略产品、战略资源的自主可控，集中突破关键核心技术，加强战略技术储备；聚焦新兴技术、新兴产业的战略方向，加强前瞻性、引领性技术研发布局，瞄准人工智能、量子信息、先进计算、信息光子、微纳电子、区块链、深海极地等方向，加强新兴信息技术与制造技术融合的前沿技术理论攻关，实现新技术带动新产业的突破性创新发展。

提升企业技术创新能力。打通科技、产业、金融快速连接通道，促进各类创新要素向企业集聚，形成以企业为主体、市场为导向、产学研用深度融合的技术创新体系；在重点领域培育一批创新型领军企业，支持有条件的领军企业组建创新联合体，推动产业链上中下游、大中小企业融通创新，培育壮大科技型中小微企业群体；鼓励企业加大研发投入，加强创新基地和平台建设，在政策引导、资源配置、激励保障、服务监管方面建立长效机制；发挥企业家在技术创新中的重要作用。

激发科技人才创新活力。造就关键领域高水平人才队伍，完善战略科技人才、科技领军人才和创新团队培养发现机制，鼓励青年科技人才脱颖而出，培养青年科技人才后备军，在重大科技攻关实践中培育锻炼人才，试点基于信任的首席科学家负责制；深化人才发展体制机制改革，健全以创新能力、质量、实效、贡献为导向的科技人才评价体系；建立完善开放灵活的人才吸引机制，健全创新激励和保障机制，构建充分体现知识、技术等创新要素价值的收益分配机制；完善国际化人才制度和科研环境，形成有国际竞争力的人才培养和引进制度体系。

完善科技创新体制机制。完善党领导科技工作的体制机制，全面增强科技体制改革整体性系统性协同性，强化科技宏观统筹；启动新一轮科技体制改革，推动科技体制改革从立框架、建制度向提升体系化能力、增强体制应变能力转变；以激发科研人员和创新主体积极性创造性为着力点，加快政府职能转变，优化科技资源配置，完善评价激励机制，全面增强科技创新协同治理能力；深化科技计划管理改革，完善项目形成机制，深入推进科技领域"放管服"改革，遵循科学研究和技术创新规律，适应不同研究任务目标和组织范式需要，形成体系化、多元化的项目分类管理机制，实行"揭榜挂帅"等制度，落实科研经费"放管服"改革等；强化国家使命导向，加快科研院所改革，扩大科研自主权，构建重大科技创新央地统筹协调联动机制。

加强科技创新国际合作。实施更加开放包容、互惠共享的国际科技合作战略，有效提升科技创新合作的层次和水平，加强与世界主要创新国家多层次、广领域科技交流合作，积极参与和构建多边科技合作机制，深入实施"一带一路"科技创新行动计划，拓展民间科技合作的领域和空间；务实推进全球新冠肺炎疫情防控和公共卫生领域科技合作，聚集气候变化、人类健康、能源环境等全球问题和挑战，加强同各国科研人员联合研发；深度参与全球创新治理，聚焦事关全球可持续发展的重大问题，设立面向全球的科学研究基金，加快启动我国牵头的国际大科学计划和大科学工程，鼓励支持各国科学家共同开展研究。

营造良好创新生态。健全科技伦理治理体制；加强作风学风建设，大力弘扬科学家精神，严肃惩处违背科研诚信要求的行为，营造风清气正的科研生态；加快科技管理部门职能从研发管理向创新服务转变，加大知识产权保护力度，坚持激励与约束并重，构建科技大监督格局；加强科学技术普及，在全社会营造尊重知识、热爱科学、崇尚创新的浓厚氛围，厚植创新文化土壤。

延伸阅读

1. 习近平:《努力成为世界主要科学中心和创新高地》,《求是》2021 年第 6 期。

2. 科学技术部:《中国科技发展 70 年（1949—2019）》,科学技术文献出版社 2019 年版。

3. 中国科学技术发展战略研究院:《国家创新指数报告 2020》,科学技术文献出版社 2021 年版。

第四讲
加快发展现代产业体系

构建现代产业体系是建设现代化经济体系的重要内容，是立足新发展阶段、贯彻新发展理念、构建新发展格局的必然要求，是全面建设社会主义现代化国家的一项战略性任务。

[知识链接]

现代产业体系

党的十七大首次作出发展现代产业体系的战略部署。党的十七届五中全会概述了现代产业体系主要特征，也对新型工业化道路的内涵进行补充、丰富和发展。党的十八大指出了在国内外经济形势新变化和高质量发展要求下，发展现代产业体系的必要性和紧迫性。党的十八届五中全会强调了制造业在产业体系发展中的重要地位。党的十九大对现代产业体系的宏观特征作了进一步阐释。党的十九届五中全会和"十四五"规划纲要对新时期我国现代产业体系特征做出了新表述和新部署，表明我国现代产业体系建设进入了新阶段。

现代化经济体系

是由社会经济活动各个环节、各个层面、各个领域的相互关系和内在联系构成的一个有机整体。2018 年，中央政治局就建设现代化经济体系进行第三次集体学习时，习近平总书记将之分解为七个方面的建设，包括建设创新引领、协同发展的产业体系，统一开放、竞争有序的市场体系，体现效率、促进公平的收入分配体系，彰显优势、协调联动的城乡区域发展体系，资源节约、环境友好的绿色发展体系，多元平衡、安全高效的全面开放体系，充分发挥市场作用、更好发挥政府作用的经济体制。

一、我国产业体系总体状况

党的十八大以来，在以习近平同志为核心的党中央坚强领导下，我们深入贯彻落实新发展理念，以深化供给侧结构性改革为主线，着力推进高质量发展，扎实推进制造强国、质量强国、网络强国建设，产业优化升级取得明显成效，综合竞争力持续增强，加快向价值链中高端迈进，基本形成了规模大、体系全、竞争力较强的产业体系。

一是产业规模和体系优势更加彰显。我国拥有 41 个工业大类、207 个工业中类和 666 个工业小类,是全世界唯一拥有联合国产业分类中所列全部工业门类的国家。2020 年,我国制造业增加值 26.59 万亿元,占全球制造业比重接近 30%,连续 11 年居世界首位,220 多种产品产量位居世界第一,建成了全球规模最大、用户最多的信息通信网络。抗击新冠肺炎疫情中,我国完备的产业体系、强大的生产配套能力发挥了至关重要的支撑作用,使我们得以迅速构筑"防波堤",最大限度调配产能,在最短时间内解决口罩、防护服、呼吸机等抗疫物资供应缺口,不仅保障了国内需求,还强力驰援了全球疫情防控。可以说,规模大、体系全、转换能力强已成为我国产业体系的重要竞争优势。

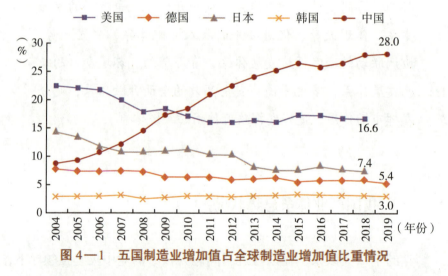

图 4—1　五国制造业增加值占全球制造业增加值比重情况

二是产业创新能力显著提升。创新投入不断加大,2020 年,我国研发投入占国内生产总值比重 2.4%,规模以上制造业企业研发投入强度达到 1.45%,分别比 2015 年提高 0.3 和 0.48 个百分点。一些重点领域开始进入"并跑""领跑"阶段,第五代移动通信(5G)国际标准必要专利占比全球领先,5G 整体实力跻身全球前列,高铁、

C919 大型客机、超级计算机、北斗导航、载人航天、探月工程、火星探测、极地科考、载人深潜等领域取得一批具有世界影响力的重大产业创新成果。产业创新体系建设成效明显，布局建设了动力电池、增材制造、机器人、印刷及柔性显示等 17 家国家制造业创新中心，引导和支持各地方培育了 187 家省级创新中心，以国家制造业创新中心为核心节点、省级制造业创新中心为重要补充的制造业创新网络正在加快成形。2021 年，我国在世界知识产权组织"全球创新指数报告"中的排名提升至第 12 位，较 2015 年提高了 17 位。

表 4—1　国家级制造业创新中心布局建设情况

序号	名称	所在地	序号	名称	所在地
1	国家动力电池创新中心	北京	10	国家先进轨道交通装备创新中心	湖南
2	国家增材制造创新中心	陕西	11	国家农机装备创新中心	河南
3	国家印刷及柔性显示创新中心	广东	12	国家智能网联汽车创新中心	北京
4	国家信息光电子创新中心	湖北	13	国家先进功能纤维创新中心	江苏
5	国家机器人创新中心	湖南	14	国家稀土功能材料创新中心	江西内蒙古
6	国家智能传感器创新中心	河南	15	国家集成电路特色工艺及封装测试创新中心	江苏
7	国家集成电路创新中心	北京	16	国家高性能医疗器械创新中心	广东
8	国家数字化设计与制造创新中心	江苏	17	国家先进印染技术创新中心	山东
9	国家轻量化材料成形技术及装备创新中心	江苏			

三是产业结构优化成效明显。通过统筹稳增长、调结构、促转型，传统产业和新兴产业均呈现良好发展势头。规模以上工业企业数字化研发设计工具普及率、关键工序数控化率分别达到 73% 和 52.1%。初步建立绿色制造体系，全国规模以上工业单位增加值能耗、万元工业增加值用水量持续下降。高技术制造业、装备制造业增加值占规模以上工业增加值的比重分别达到 15.1% 和 33.7%，成为引领增长的重要力量。我国新能源汽车产销量占全球一半以上，连续 11 年蝉联世界第一；工业机器人、无人机、新型智能硬件、智能网联汽车等新产业加快发展；云计算、大数据、物联网、区块链、车联网等新技术蓬勃兴起；网络化协同研发、大规模个性化定制等新模式新业态不断涌现。

四是企业竞争力持续增强。通过大力优化营商环境，完善企业服务体系，促进企业健康发展。2020 年，我国有 58 家制造业企业进入全球 500 强，43 个知名品牌入选世界品牌 500 强。在信息通信、轨道交通等领域涌现出一批创新能力强的高技术领军企业，全国范围内认定专精特新中小企业 3.7 万家，遴选国家级专精特新"小巨人"企业 1832 家，制造业单项冠军企业 596 家，"独角兽"企业 122 家，居全球第二，数量占全球 24%。制造业重点行业骨干企业"双创"平台普及率超过 80%，大中小企业融通发展、共生共赢的产业生态不断完善。

[知识链接]

"专精特新"企业

具备"专业化、精细化、特色化、新颖化"特征的工业中小企业，是推动经济社会发展的重要力量。

　　五是开放发展水平显著提升。汽车、船舶、飞机等领域外资股比限制逐步取消，国际产能和装备制造合作深入开展。2020年，我国货物出口达25.9万亿元，稳居世界货物出口第一大国。工业制成品是我国主要出口产品，其中，机电产品出口占比达59.4%，集成电路、计算机、医疗器械等高附加值产品出口保持持续快速增长，"十三五"期间年均增速分别为17.5%、4.6%和18.0%。高铁、船舶与海洋工程装备、卫星等已成体系走出国门，我国在全球产业链供应链中的位势不断攀升。

　　与此同时，必须清醒认识到，我国产业"大而不强""全而不精"的问题依然存在，重点领域和关键环节存在不少瓶颈短板，产业发展还不平衡不充分，整体正处于爬坡迈坎、优化升级的重要关口。一是供给体系与国内需求不匹配。低端无效供给过剩与中高端有效供给不足并存，产品和服务质量还不能很好满足居民消费升级需要，世界一流企业数量还不多，具有国际影响力的高端产业品牌相对较少，总体上仍处于全球产业链价值链中低端。二是制造业劳动生产率和全要素生产率偏低。制造业劳动生产率是制造业增加值与制造业从业人数的比值，代表制造业领域每个劳动力创造价值的高低。根据《2020中国制造强国发展指数报告》，2019年中国制造业劳动生产率30948.12美元/人，仅相当于美国同期水平的20.46%。全要素生产率是指总产出在生产过程中使用到的劳动、资本、原材料、能源等所有生产要素投入的综合比值，是衡量我国创新和高质量发展水平的重要参考指标。据有关专家测算，2014年我国制造业全要素生产率仅相当于美国的43%，与发达国家相比差距巨大。特别是近年来我国制造业全要素生产率增速呈现较明显的下滑态势，需引起高度重视。三是产业链供应链安全稳定存在风险隐患。我国产业规模大，但产业控制力不强，重点领域和重点环节关键核心技术受制于人，部分产业链上中下游协同性不足，产业生态不健全，在全球产业链中话语权偏弱。四是能源资源对外依存度高。近年来我国经济快速发展，能源资源对外依存度也在持续攀升。我国是全球油气进口第一大国，2020年石油和天然气对外依存度分别达到73%和43%，铁矿石对外依存度超过80%。五是发展环境亟待优化。实体经济特别是制造业与金融、房地产发展存在结构性失衡。与制造业等实体经济领域相比，金融、房地产投资回报率较高，对资本、人才形成"虹吸效应"，导致生产要素脱实向虚，科技、金融、人才等对实体经济特别是先进制造业发展的有效支撑不足。高标准市场体系建设还存在不少瓶颈短板，造成经济循环不畅，影响和制约产业升级。

二、构建新发展格局必须加快发展现代产业体系

习近平总书记指出，推动产业链供应链优化升级，是稳固国内大循环主体地位、增强在国际大循环中带动能力的迫切需要。加快发展现代产业体系，推动经济体系优化升级，提升产业链供应链现代化水平，是构建新发展格局的重大战略性任务。

加快发展现代产业体系是实现高水平自立自强的内在要求。习近平总书记强调，"构建新发展格局最本质的特征是实现高水平的自立自强"。形成现代产业体系，既是高水平自立自强的重要标志，也是实现高水平自立自强的重要途径。当前，我国发展环境发生深刻复杂变化。一是新一轮科技革命和产业变革深入发展，数字化、网络化、智能化、绿色化成为产业发展的大趋势。世界主要经济体

纷纷把发展制造业作为战略选项，在高端芯片、人工智能、大数据、工业互联网、新材料、新能源、生物医药等领域加强战略规划和布局，抢占未来产业发展制高点和主导权的竞争日趋激烈。二是国际环境日趋复杂，不确定性不稳定性明显增加，单边主义、保护主义、霸权主义威胁加大，特别是美国视我国为主要战略竞争对手，不断升级对我国的遏制打压，我国产业链供应链断链风险增多，自主创新更加紧迫。三是围绕效率与安全，全球产业链供应链面临重构。新冠肺炎疫情暴发以来，全球产业链供应链受到严重冲击，以效率为核心的"零库存"精益生产模式弊端显现，各国纷纷由效率优先转为兼顾效率和产业安全，加强"备份"以降低断供风险，全球产业链供应链布局呈现本地化、分散化、区域化的新趋势。面对外部环境的严峻复杂变化，必须以科技自立自强为战略支撑，加快构建自主可控、安全可靠的现代产业体系，增强产业链供应链稳定性和竞争力，才能在复杂环境下和国际竞争中牢牢把握发展主动权。

加快发展现代产业体系是畅通国民经济良性循环的迫切要求。习近平总书记强调，"构建新发展格局的关键在于经济循环的畅通无阻"。经济活动需要各种生产要素的组合在生产、分配、流通、消费各环节有机衔接，从而实现循环流转。如果经济循环过程中出现堵点、断点，循环就会受阻，就会导致增长速度下降、经济结构失衡、失业增加、风险累积等一系列问题。当前，我国人均国内生产总值超过 1 万美元，需求结构和生产函数发生重大变化，生产体系内部循环不畅和供求脱节现象显现。经济循环不畅的主要矛盾集中在供给侧，突出体现在供给体系不能适应消费升级的需要，而制造业作为核心供给部门，是供需矛盾的焦点所在。从产业结构看，产业基础薄弱，"卡脖子"问题突出，高端和高质量产品供给不足，产业链上下游循环不畅，产业链供应链存在断点、堵点。从区域结构看，地区之间产业发展不平衡、不协调，产业结构雷同、低水平重复建设等问题仍较突出。从组织结构看，一些行业小、散、乱现象依然存在，大企业全球资源整合能力不强，中小企业专业化水平有待提升，大中小企业融通发展不够。必须坚持供给侧结构性改革这条主线，全面优化升级产业结构，加快发展现代产业体系，提升供给体系对国内需求的适配性，打通经济循环堵点，提升产业链供应链的完整性，形成需求牵引供给、供给创造需求的更高水平动态平衡。

加快发展现代产业体系是实现国内国际双循环相互促进的战略举措。习近平总书记强调，"新发展格局不是封闭的国内循环，而是更加开放的国内国际双循环"。改革开放以来特别是加入世贸组织后，我国抓住经济全球化重要机遇，以制造业为主体，形成市场和资源"两头在外"的"世界工厂"发展模式，有力推动了经济高速增长，也在不断融入全球产业分工体系过程中深化了同世界各国的产业联系，成为120多个国家和地区的主要贸易伙伴。我国拥有14亿多人口和4亿多且规模不断扩大的中等收入群体，是全球最大和最有潜力的消费市场，具有巨大发展空间。加快发展现代产业体系，大力推动我国产业转型升级，既能推动形成宏大顺畅的国内经济循环，更好吸引全球资源要素，改善我国生产要素质量和配置水平，提升国内大循环效率和水平，增强国内大循环在双循环中的主导作用；又能增强我国出口产品和服务竞争力，塑造参与国际经济合作和竞争新优势，在更大范围、更深层次、更高水平上融入国际循环，提高我国在全球产业链供应链创新链中的影响力。构建新发展格局，实行高水平对外开放，必须加快发展现代产业体系，形成强大的国内经济循环体系和稳固的基本盘，并以此形成对全球要素资源的强大吸引力、在激烈国际竞争中的强大竞争力、在全球资源配置中的强大推动力，实现国内国际双循环相互促进。

三、加快发展现代产业体系的主要任务

党的十九届五中全会强调，要坚持把发展经济着力点放在实体经济上，坚定不移建设制造强国、质量强国、网络强国、数字中国。必须以习近平新时代中国特色社会主义思想为指导，不断增强抓好贯彻落实的政治自觉、思想自觉和行动自觉，加强对发展现代产业体系的前瞻性思考、全局性谋划、战略性布局和整体性推进，用好强大国内市场、完整产业体系、新型举国体制等优势，推进产业基础高级化、产业链现代化，不断提高经济质量效益和核心竞争力，加快构建实体经济、科技创新、现代金融、人力资源协同发展的现代产业体系。

一是保持制造业比重基本稳定，巩固壮大实体经济根基。制造业是实体经济的主体，保持制造业占国民经济比重基本稳定，是发展现代产业体系的重要基础。我国制造业占国内生产总值比重2006年达到32.45%的峰值，随后出现波动下降，2020年降至26.17%。我国已处于工业化后期，制造业比重下降有其客观规律性，也与发达国家发展历程相类似。比如，美国制造业比重从1953年的28.3%下降至目前的10.9%。但近年来我国制造业占比出现下降过早、过快的现象，值得高度警惕。我国仍然是世界最大的发展中国家，如果制造业比重过快下降、占比过低，不仅拖累当期经济增长、影响城镇就业，还会导致产业"空心化"，动摇实体经济发展根基。保持制造业比重基本稳定，就要进一步巩固制造业在国民经济中的基

"蓝鲸2号"半潜式钻井平台

础和支柱地位，把推动制造业高质量发展摆在更加突出的位置，坚定不移建设制造强国。加快传统产业改造升级，实施新一轮重大技术改造升级工程，加大企业技术改造和设备更新力度，推动传统产业高端化、智能化、绿色化升级，稳住工业基本盘。加快壮大新一代信息技术、生物技术、新材料、高端装备、新能源汽车、绿色环保以及航空航天、海洋装备等产业，加快培育新的增长点。用好我国发展战略纵深，优化产业结构和空间布局，促进产业在国内有序转移，推动先进制造业集群发展，增强产业链根植性和竞争力。

二是深入实施创新驱动发展战略，强化现代产业体系的科技支撑。创新是驱动发展的第一动力。加快科技自立自强，是确保国内

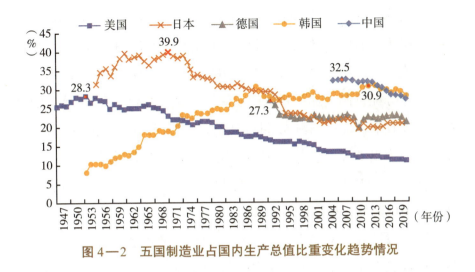

图 4—2　五国制造业占国内生产总值比重变化趋势情况

大循环畅通、塑造我国在国际大循环中新优势的关键。发展现代产业体系，必须把科技自立自强作为战略支撑，围绕产业链部署创新链，围绕创新链布局产业链，全面提升产业创新能力，推动生产技术进步，提高制造业全要素生产率。要充分发挥我国超大规模市场优势和新型举国体制优势，加强产业链与创新链精准对接，体系化提升产业创新能力。实施关键核心技术和产品攻关工程，推行"揭榜挂帅"等新做法，支持大企业联合产业链上下游组建创新联合体，着力突破"卡脖子"技术，增强关键环节、关键领域、关键产品的保障能力。强化企业创新主体地位，优化完善企业技术创新激励，加强原创性、前沿性、颠覆性的技术突破，持续推动技术创新，实施更大力度的研发费用加计扣除等普惠性政策，促进各类创新要素向企业集聚。深入推进产业协同创新体系建设，在重点领域持续布局建设一批国家和省级制造业创新中心，构建高效联动的制造业创新网络，强化基础共性技术供给。同时，打通科技成果产业化通道，注重提高科技成果转移转化效率。根据《国务院关于 2019 年度中央预算执行和其他财政收支的审计工作报告》，在抽查的 46.41 万件高校和科研院所的有效发明专利中，仅有约 8.4%（3.88 万件）发生过转让或许可，而欧美国家大多在 40% 以上。要健全科技成果转化收益合理分配机制，加强知识产权保护，完善首台（套）、首批次、首版次等政策，加快创新成果推广应用，培育和发展一批特色明显、服务能力突出的专业化技术转移机构，提高成果转化服务能力。加大技术人才和高技能人才的培养力度，引导更多人力资本向研发、创新等领域聚集，提高劳动生产率。

三是发展壮大战略性新兴产业，构筑产业体系新支柱。战略性新兴产业是引领国家未来发展的重要决定性力量，对我国形成新的竞争优势和实现跨越发展至关重要。党的十九届五中全会提出，"发展战略性新兴产业"，这是加快建设现代产业体系，推动经济高质量发展的重大战略部署。"十四五"时期，既要优先发展已有一定基础的产业，也要前瞻谋划布局一批新产业。要推动各产业间深度融合，培育新技术、新产品、新业态、新模式，构建一批各具特色、优势互补、结构合理的战略性新兴产业增长引擎。要加强数据中心、云与智能服务平台等新型基础能力和平台设施建设，开发一批适用各种应用场景的互联网应用软件，打造一批资源富集、功能多元、服务精细的电子商务和工业互联网平台。要坚持鼓励创新和审慎包容原则，探索和创新适应新业态特点、有利于公平竞争的管理机制和办法，形成有利于发展的适应性监管体系。针对我国部分新兴企业规模相对较小、同质化严重，缺少全球领先的有竞争力的大型企业等突出问题，鼓励企业兼并重组，防止低水平重复建设。

四是补短板和锻长板并重，提升产业链供应链稳定性和竞争力。产业链供应链是大国经济循环畅通的关键。提升产业链供应链稳定性和竞争力，需要统筹推进补短板与锻长板，打好产业基础高级化、产业链现代化攻坚战，筑牢现代产业体系的底盘。一方面，要补齐产业链供应链短板，确保关键时刻"不掉链子"。要深入实施产业基础再造工程，研究提升产业基础能力的政策措施，聚焦核心基础零部件、关键基础元器件、先进基础工艺、关键基础材料、关键基础软件、产业技术基础软件等瓶颈，加大重要基础产品工程化产业化攻关力度，抓紧构建自主可控、安全可靠的生产供应体系。另一方面，要锻造产业链供应链长板，打造一批"独门绝技"。充分利用国内产业规模优势、配套优势及部分领域先发优势，聚焦关系国计民生、国家经济命脉和国家安全的重点行业和关键领域精耕细作，持续增强 5G、高铁、电力装备、新能源、通信设备等领域的全产业链优势。加快产业高端化智能化绿色化发展，推动大数据、云计算、人工智能等新一代信息技术与制造业深度融合，推动先进制造业与现代服务业深度融合，深入开展质量品牌提升行动，实施绿色制造工程，发展服务型制造，推动产业向价值链中高端迈进。同时，要探索建立产业链供应链监测评估机制，加强对重点产业的监测预警，丰富稳妥应对风险隐患的政策工具箱，维护产业链供应链安全稳定。

[知识链接]

产业基础再造工程

2019 年，习近平总书记主持召开中央财经委员会第五次会议。会议强调，要实施产业基础再造工程。十九届五中全会明确提出，推进产业基础高级化、产业链现代化。中央经济工作会议也明确作出要实施好产业基础再造工程的重要部署。"十四五"期间将深入实施产业基础再造工程，聚焦重点领域高质量发展需求，围绕基础零部件、基础元器件、基础软件、基础材料、基础工艺和产业技术基础等"六基"，协同各方面资源，加快重要产品和关键核心技术攻关力度，加快工程化产业化突破，着力解决关键环节受制于人的问题。

五是发展数字经济，推进数字产业化和产业数字化。数字化从根本上改变了传统经济的生产方式和商业模式，是发展现代产业体系的新引擎。习近平总书记指出，要发展数字经济，加快推动数字产业化，依靠信息技术创新驱动，不断催生新产业新业态新模式，用新动能推动新发展。一方面，要大力推进数字产业化，全面部署新一代通信网络基础设施，有序推动 5G、数据中心、工业互联网等建设部署和创新应用。深入实施工业互联网创新发展行动计划，体系化推进网络、平台和安全能力建设。加快 5G 与人工智能、物联网、云计算、大数据、虚拟现实、边缘计算等新兴信息技术融合创新，推动大数据向研发、制造、物流、服务、供应链等生产核心环节延伸，打造数字经济竞争新优势。另一方面，要大力推进产业数字化，实施制造业数字化转型行动、工业互联网创新发展行动和中小企业数字化赋能行动，对传统产业进行全方位、全角度、全链条的改造，为加快发展现代产业体系赋能。同时，切实加强网络与信息安全保障，健全标准、政策、法律和技术保障体系，有效维护网络安全、数据安全，保护好用户信息隐私和消费者权益。

六是培育壮大优质企业，推动大中小企业融通发展。企业是现代产业体系的微观主体，企业强，产业才能强。习近平总书记强调，要千方百计把市场主体保护好，激发市场主体活力，弘扬企业家精神，推动企业发挥更大作用、实现更大发展，为经济发展积蓄基本力量。必须在激发企业活力、培育优质企业方面下功夫，夯实现代产业体系的微观基础。要聚焦重点行业和领域，鼓励企业兼并重组，促进资源优化配置，培育一批具有产业生态构建主导能力的产业链领航企业。我国现有4000多万家企业，其中99%是中小企业，在促进创新、吸纳就业、推动经济增长等方面作出了很大贡献。要切实优化中小企业发展环境，支持中小企业专注于擅长领域提升专业化能力，走专精特新发展道路，培育一批在细分领域全球领先的单项冠军企业和国内领先的"小巨人"企业。强化促进大中小企业融通发展，推动产业链上中下游大中小企业在工业设计、定制化服务、共享制造、供应链管理等方面加强协作，形成创新协同、产能共享、供应链互通的融通发展生态。

七是进一步深化改革开放，持续增强发展动力与活力。改革开放是当代中国发展进步的活力之源，是决定当代中国命运的关键一招。发展现代产业体系，长远和根本之策就是要坚持走开放融通、互利共赢的发展道路，让市场主体的创造性不断迸发出来。要发挥改革的突破和先导作用，坚持社会主义市场化改革方向，持续深化"放管服"改革，全面实施市场准入负面清单制度，进一步畅通物流、资金流、人员流和信息流，推动深化土地、劳动力、资本、技术、数据等要素市场化配置改革，努力为企业营造市场化、法治化、国际化的一流营商环境。同时，经济全球化是大势所趋，自立自强不是自己关起门来搞。习近平总书记反复强调，"中国开放的大门不会关闭,只会越开越大"。紧扣国内国际双循环相互促进,用好国际国内两个市场、两种资源,进一步扩大开放合作,鼓励有实力的企业"走出去",深度融入全球产业链、价值链、供应链、创新链。加强国际交流合作,积极参与国际经贸规则和标准制定,依托共建"一带一路",通过政府、行业组织、企业等多层面努力,推动建立产业链国际合作机制,构筑互利共赢的全球产业链供应链利益共同体,在高水平对外开放中实现更好发展。

延伸阅读

1. 习近平:《"看不见的手"和"看得见的手"都要用好》,《习近平谈治国理政》第一卷,外文出版社 2018年版。

2. 习近平:《毫不动摇坚持我国基本经济制度,推动各种所有制经济健康发展》,《习近平谈治国理政》第二卷,外文出版社 2017 年版。

3. 习近平:《加快建设现代化经济体系》,《习近平谈治国理政》第三卷,外文出版社 2020 年版。

4. 习近平:《在经济社会领域专家座谈会上的讲话》,人民出版社 2020 年版。

第五讲
形成强大国内市场

习近平总书记指出，当今世界，最稀缺的资源是市场，市场资源是我国的巨大优势，必须充分利用和发挥这个优势，不断巩固和增强这个优势，形成构建新发展格局的雄厚支撑。坚定实施扩大内需战略和建设强大国内市场是内在统一的，促进形成强大国内市场，最重要的路径是实施扩大内需战略。未来一段时间，要坚定实施扩大内需战略，使生产、分配、流通、消费更多依托国内市场，实现供需在更高水平上动态平衡。

一、深刻理解建设强大国内市场的重要意义

实施扩大内需战略，形成强大国内市场，是党中央统筹中华民族伟大复兴战略全局和世界百年未有之大变局，有效应对国际环境复杂变化，准确把握新发展阶段、深入贯彻新发展理念、加快构建新发展格局，推动经济高质量发展作出的重大战略决策。

建设强大国内市场是我国经济发展的历史必然。内需为主导、

内部可循环是大国经济的重要特征。我国已成为全球第二大经济体和制造业第一大国，调整国内经济循环同国际经济循环的关系是一个自然且必要的过程。改革开放前，我国经济以国内循环为主，进出口占国民经济的比重很小。改革开放以来特别是加入世界贸易组织后，我国加入国际大循环，对我国快速提升经济实力、改善人民生活发挥了重要作用。2008 年国际金融危机以来，随着外部环境和我国要素禀赋变化，国际大循环动能明显减弱。为保持经济平稳较快发展，我们把扩大内需作为基本立足点，推动经济发展向内需主导转变，国内市场在我国经济中的作用开始显著上升。党的十八大以来，内需对经济增长的贡献率有 7 个年份超过 100%，对外贸易依存度从 2006 年峰值的 64.2% 下降至 2020 年的 31.7%。展望"十四五"乃至未来一段时期，内需对我国经济增长的支撑作用还将进一步提高，国内市场主导国民经济循环特征将会更加明显。

建设强大国内市场是应对国际环境深刻变化的战略举措。新世纪以来，新一轮科技革命和产业变革加速发展，世界贸易和产业分工格局发生重大调整，国际力量对比呈现趋势性变化。近年来全球市场收缩，世界经济陷入持续低迷，经济全球化遭遇逆流。新冠肺炎疫情大流行影响深远，全球产业链、供应链面临重大冲击，民粹主义、排外主义抬头，单边主义、保护主义、霸权主义对和平与发展构成威胁，国际经济、科技、文化、安全、政治等格局都在发生深刻复杂变化，不稳定不确定因素明显增加。要在一个更加不稳定不确定的世界中求生存谋发展，确保在各种可以预见和难以预见的狂风暴雨、惊涛骇浪中，增强我们的生存力、竞争力、发展力、持续力，实现中华民族伟大复兴，必须建设强大国内市场，以自身经济基本盘的确定性对冲外部风险挑战的不确定性。

建设强大国内市场是充分发挥我国超大规模市场优势的内在要求。改革开放以来，我国经济保持较快增长，逐步在市场需求、产业体系、人力资源、软硬基础设施等方面形成了超大规模市场优势。中等收入群体超过 4 亿人，人均国内生产总值突破 1 万美元，是全球最有潜力的消费市场；建立起包括 41 个大类 207 个中类 666 个小类的完整工业体系，成为全球唯一拥有联合国产业分类目录中全部工业门类的国家；人口规模达到 14 亿多，就业人员接近 7.8 亿，大专及以上受教育程度就业人员占比超过 20%；高速公路通车里程、城市轨道交通运营里程、港口万吨级及以上泊位数、电力装机、电网规模等均位居世界第一位；区域经济发展水平和产业发展层次有较大差距，东部、中部、西部和东北地区各具特色的自然要素禀赋，为各区域错位发展提供支撑。进一步发挥超大规模市场优势，需要坚定实施扩大内需战略，形成强大国内市场，增强经济发展韧性，在量的合理增长中实现质的稳步提升。

建设强大国内市场是构建新发展格局的关键支撑。构建新发展格局，实行高水平对外开放，必须具备强大的国内经济循环体系和稳固的基本盘，并以此形成对全球资源要素的强大向心力、在激烈国际竞争中的强大竞争力。要促进国内大循环更为顺畅，必须坚定实施扩大内需战略，打通经济循环堵点，最终形成以强大国内市场为主导的经济循环模式；要实现国内国际双循环相互促进，必须更好依托国内大市场，有效利用全球要素和市场资源，持续增强我国产品和服务的核心竞争力，不断提升在全球产业链供应链创新链中的影响力，进一步夯实与世界各国合作基础，形成我国国际合作竞争的强大优势。

建设强大国内市场是统筹发展和安全的内在要求。当前和今后一个时期是国内外各类矛盾和风险易发期，各种可以预见和难以预见的风险因素明显增多。我们必须坚持统筹发展和安全，增强机遇意识和风险意识，加快培育完整内需体系，建设强大国内市场，增强经济发展的底气和信心。当前，我国部分农产品、能源和矿产资源的生产还难以满足国内需求，在产业基础能力和产业链水平上还存在不足之处，相当多的关键核心技术、高端装备和元器件仍依赖进口，研发设计等方面竞争力不强。在外部需求不确定性较大的背景下，必须在利用两个市场两种资源中加强安全保障，充分发挥超大规模市场培育壮大自主创新方面的作用，更多立足国内实现自主安全发展，通过建设强大国内市场主动化解外部冲击带来的影响，确保在极端情况下我国经济依然能保持正常运行和社会大局总体稳定。

二、建设强大国内市场取得显著成效

党的十八大以来，在以习近平同志为核心的党中央坚强领导下，我国坚持适应把握引领经济发展新常态，深化供给侧结构性改革，坚定实施扩大内需战略，国内市场建设成绩显著。

居民消费提档升级。传统大宗商品消费显著增长，汽车新车销量稳居世界第一，城乡居民住房条件大为改善。服务消费加快发展，养老、育幼、家政、文化、旅游、体育等服务不断提质扩容，服务性消费支出占人均消费支出的比重提高到42.6%。消费新业态新模式不断涌现，实物商品网上零售额占社会消费品零售总额比重达到24.9%。居民消费能力持续提升，全国居民人均可支配收入达到

32189元，脱贫攻坚取得了全面胜利。最终消费率连续5年保持在54%以上。

[知识链接]

消费率

又称最终消费率，通常指一定时期内包含个人消费和政府消费的最终消费总额占国内生产总值的比率。消费是最终需求，对经济发展具有基础性作用。合理的消费率不仅有利于居民消费水平的提高和消费结构的优化升级，也有利于国民经济良性循环。

图5—1 最终消费支出占国内生产总值的比重

有效投资持续扩大。加大补短板领域投资力度，一批交通、能源、水利等重大项目建成投运，城乡基础设施、社会民生、生态环保等领域短板弱项加快补齐，社会领域投资增长持续快于整体投资增速。大力推进新型城镇化建设，公共设施建设成果显著。5G、人工智能、工业互联网、物联网等新型基础设施加快布局建设。重大科技项目建设取得显著成就，高技术制造业投资保持较快增长。2020年资本形成总额拉动国内生产总值增长2.2个百分点。

复兴号列车行驶在拉林铁路上

现代产业体系加快构建。创新驱动发展战略深入实施，传统产业持续改造升级，新技术、新产业、新业态、新模式快速发展，产业链供应链体系逐步完善。"十三五"期间，高技术制造业、装备制造业、战略性新兴产业增加值年均分别增长10.3%、8.4%、9.5%。先进制造业与生产性服务业加速融合，生活性服务业快速发展，服务业增加值占国内生产总值比重提高至2020年的54.5%。

图 5—2　三次产业增加值占国内生产总值比重

　　城乡区域协调发展加快推进。持续推动西部大开发形成新格局，采取新的战略举措推动东北振兴取得新突破，健全政策体系促进中部地区加快崛起，强化创新引领推动东部地区率先发展。京津冀协同发展、长江经济带、粤港澳大湾区、长三角一体化、黄河流域生态保护和高质量发展等重大战略规划相继制定实施，一批都市圈、城市群加快成长。2020 年常住人口城镇化率达到 63.9%，比 2010 年提高 14.2 个百分点。城乡融合发展体制机制加快建立，国家城乡融合发展试验区改革扎实推进，"十三五"期间 1 亿农业转移人口和其他常住人口在城镇落户目标顺利实现。

　　市场运行机制不断健全。社会主义市场经济体制更加完善，产权保护法治体系初步形成，高标准市场体系加快建设，要素市场化配置改革稳步推进。"放管服"改革不断深入，营商环境持续优化。国资国企改革持续深化。金融服务实体经济的体制机制不断强化，一批重大风险隐患"精准拆弹"。社会保障制度逐步完善，统筹城乡的基本公共服务体系加快形成，市场主体活力得

图 5—3　常住人口城镇化率

到有效激发。

国内市场的国际影响力显著提升。我国国内生产总值超过 100 万亿元，已成为全球第二大商品消费市场，进口规模持续扩大，结构不断优化。国际经贸合作和互利互通扎实推进，国内开放高地建设进展显著，利用外资质量不断提高，我国成为最具吸引力的外资流入国、大多数跨国公司最为重要的市场和利润增长点。

三、清醒认识建设强大国内市场面临的机遇和挑战

展望未来一段时期，建设强大国内市场具有坚实支撑。一是制度优势显著。中国特色社会主义制度具有非凡的组织动员能力、统筹协调能力、贯彻执行能力，是抵御风险挑战、促进国内市场平稳健康发展的根本保证。二是市场空间依然广阔。我国国内市场主导国民经济循环特征会更加明显，居民消费升级同现代科技和生产方式相结合，实物商品消费有望成为全球最大市场，服务消费潜力巨大。我国正处于新型工业化、信息化、城镇化、农业现代化快速发

展阶段，基础设施互联互通和新技术、新产品、新业态、新商业模式的投资机会大量涌现，投资需求潜力仍然巨大。三是改革创新持续激发内生动力。坚持创新在我国现代化建设全局中的核心地位，持续深化经济体制改革，全国统一大市场加快建设，生产要素质量和配置水平不断提升，市场主体活力和创造力持续迸发，将为国内市场建设提供强大内生动力和体制机制保障。四是国内国际相互促进的支撑作用彰显。我国经济已深度融入世界经济，国际经贸合作紧密，对全球高端要素的吸引力持续增强，将有力助推强大国内市场建设。

同时也要清醒看到，建设强大国内市场仍面临不少制约。一是有效供给不适配问题突出。创新能力不适应高质量发展要求，关键核心技术受制于人的局面没有得到根本性改变，产品质量参差不齐，个性化、多样化需求还难以得到有效满足。二是收入分配格局有待优化。劳动报酬在初次分配中占比偏低，初次分配格局有待调整，再分配调节力度不够，社会保障体系有待健全，基本公共服务均等化水平需进一步提升。三是市场和流通体系仍不完善。国内统一大市场尚不健全，商品、服务、要素跨区域流通存在壁垒，信用等支撑体系不完善，产销对接效率偏低成本偏高，市场环境有待进一步优化，市场监管亟待加强。四是城乡区域协调发展面临不少制约。农业基础还不稳固，城乡要素交换不平等，农村基础设施和公共服务与城市差距较大，区域经济发展分化态势明显，部分区域发展面临较大困难。

综合来看，我国仍处于可以大有作为的重要战略机遇期，机遇和挑战都有新的发展变化，总体上机遇大于挑战。必须深刻认识我国社会主要矛盾变化带来的新特征新要求，深刻认识错综复杂的国际环境带来的新矛盾新挑战，准确把握国内市场发展规律，未雨绸缪，趋利避害，不断释放内需潜力，持之以恒建设强大国内市场，推动我国经济实现更高质量、更有效率、更加公平、更可持续、更为安全的发展。

四、下一步建设强大国内市场的总体考虑

建设强大国内市场关键是坚定实施扩大内需战略。要立足新发展阶段，完整、准确、全面贯彻新发展理念，构建新发展格局，推动高质量发展，统筹发展和安全，深化供给侧结构性改革，牢牢把握扩大内需这个战略基点，着力满足人民日益增长的美好生活需要，加快培育完整内需体系，加强需求侧管理，促进形成强大国内市场，畅通国内经济大循环，促进国内国际双循环良性互动，推动我国经济平稳健康可持续发展。

[知识链接]

需求侧管理

重在解决总量性问题，一般是指通过调节税收、财政支出、货币信贷等来刺激或抑制需求，进而推动经济增长。新时代实施需求侧管理，要充分发挥我国超大规模市场优势，坚持以扩大内需为战略基点，畅通生产、分配、流通、消费各个环节的堵点。

在工作中，要注意正确处理好几个方面的重大关系。一是正确处理消费和投资的关系。消费和投资是需求最主要的组成部分，两者不可偏废，要发挥好消费的基础性作用和投资的关键作用，着力形成协调、均衡的消费和投资关系，形成建设强大国内市场的双重支撑。二是正确处理内需和外需的关系。内需相对稳定，是需求的主体部分，外需虽然波动较大，但也是总体需求必不可少的补充。要把国内需求作为发展的基本立足点，同时重视发挥外需对经济效率提升、发展动力转换、结构调整升级等方面的作用。建设强大国内市场要坚持高水平对外开放，使国内市场和国际市场更好联通，形成内需和外需的良性互动。三是正确处理需求和供给的关系。需求和供给是经济运行的一体两面，是既对立又统一的辩证关系。要把实施扩大内需战略同深化供给侧结构性改革有机结合起来，实现供需在更高水平上的动态平衡。四是正确处理全局和局部的关系。关键是要处理好全国统一市场与区域市场的关系。统一全国市场、提高资源配置效率是经济发展的内生要求，是形成强大国内市场的重要基础。区域市场是全国统一市场的有机组成部分，促进区域市场加速融合、普遍联通是建设全国统一市场的重要路径。要在全国统一大市场框架下充分发挥各地区比较优势，努力实现差异竞争、错位发展，共同推动全国统一市场发展。五是正确处理政府和市场的关系。政府和市场是资源配置的两种重要方式，两者相互补充、相互促进。要坚持有效市场与有为政府相结合，充分发挥市场在资源配置中的决定性作用，减少政府对微观经济活动的直接干预，提高资源配置效率。同时更好发挥政府作用，注重发挥社会主义制度的优越性，创新和完善宏观调控，有效弥补市场机制失灵的不足。六是正确处理质量和数量的关系。一方面，实施扩大内需战略，建设强大国内市场，要以高质量发展为主题，引导各方面把更多精力放到提质增效和转型升级上来，不能再走单纯依靠要素投入和规模扩张的老路。另一方面，我国仍处于并将长期处于社会主义初级阶段的基本国情，决定了内需规模量的合理增长是必需的，关键是要在量的合理增长中实现质的稳步提升。

五、建设强大国内市场的重点任务

要打通生产、分配、流通、消费和投资再生产各环节堵点，不断释放内需潜力，进一步做强国内市场，促进国内市场平稳发展和国际影响力持续提升。

一是全面促进消费。最终消费是经济增长的持久动力。要顺应消费升级趋势，把扩大消费同改善人民生活品质结合起来，促进消费向绿色、健康、安全发展，更好满足个性化、多样化、高品质消费需求。要促进传统消费持续升级，提高汽车、家电等大宗商品消费品质。要扩大高品质服务消费供给，推动文化、旅游、教育、医疗、体育、养老、育幼等服务消费提质扩容。要把握科技与消费融合发展趋势，培育"互联网＋"新模式，促进共享经济新业态发展，推动智能设备等电子产品消费升级。要大力倡导绿色低碳消费，促进居民绿色耐用消费品更新和品质升级，倡导节约集约的绿色生活方式。

二是拓展投资空间。我国总储蓄率仍然较高，要聚焦关键领域和薄弱环节，消除投资障碍，提高投资效率，推动储蓄向投资合理转化，更好发挥投资对经济发展的关键作用。要围绕推动制造业高

绿色有机农产品日益成为市民关注的焦点。图为安徽合肥新农人农夫市集

[知识链接]

"上海服务"品牌以高质量供给引领创造新需求

近年来，上海以打响"上海服务"品牌为牵引，稳固服务业规模存量，激发培育新动能增量，推动服务业质量变革、效率变革、动力变革，走出了服务业高质量发展的创新之路。

一是滚动实施三年行动计划，全力打响"上海服务"品牌。上海市明确提出打响"上海服务""上海制造""上海购物""上海文化"四大品牌的重大战略部署，制定了打响"上海服务"品牌三年行动计划，引导全市对打响"四大品牌"形成共识。三年来，相关工作取得了显著成效，"上海服务"功能全面增强、能级不断提升、创新提质增效、品牌效应日益彰显。

二是聚焦重点领域和关键环节，构筑服务业发展高地。为提高服务业的辐射度和引领力，上海市聚焦商贸、科技服务、文旅会展等9个重点领域构筑更具国际竞争力的服务业产业高地，紧抓深化改革开放、强化金融支持、降低经营成本、加快人才集聚和培育等关键环节，持续优化资源配置，不断提升服务能级、扩大服务半径。

三是发力载体和主体培育，营造良好的产业生态环境。为加快发展新经济形态，上海市集聚优势资源，围绕在线服务、在线文娱、在线教育、在线医疗等12个重点领域打造四个"100+"，着力拉动消费新需求、培育经济新增长点，涌现了一批示范效应好、带动作用强、市场影响优的品牌企业。

质量发展、建设制造强国，加强制造业投资用地、用能、资金等要素保障，加大制造业投资支持力度。要持续推进重点领域补短板投资，加快补齐交通能源、农业农村、生态环保、医疗健康、民生保障等领域短板弱项。要加强新型基础设施建设，在扩大内需和结构调整的结合部持续发力，增强创新发展后劲。

三是提高供给质量。供给侧有效畅通可以穿透循环堵点、消除瓶颈制约，从而创造就业、提供收入、形成需求能力。必须全面优化升级产业结构，增强供给体系的韧性，形成更高效率和更高质量的投入产出关系，实现经济在高水平上的动态平衡。要大力推动科技创新，发展壮大战略性新兴产业。要推动传统产业改造升级，提升产业链现代化水平。要发展服务型制造，要着力加强标准质量和品牌建设，持续提高产品和服务品质。

四是推动城乡区域协调发展。推进新型城镇化和城乡区域协调发展蕴含着巨大内需潜力，也是供给侧结构性改革和扩大内需的有效结合点。要推进以人为核心的新型城镇化，强化重点领域公共服务保障，提高农业转移人口市民化质量。要完善城镇化空间布局，推动城市圈一体化发展，建设现代化都市圈，推进以县城为重要载体的城镇化建设。要全面推进乡村振兴战略，积极推动农村现代化，加快建设美丽乡村，让居民望得见山、看得见水、记得住乡愁。要优化区域经济布局，发挥各地区比较优势，依托区域重大战略打造内需新增长极，推动区域协调发展，完善内需增长空间格局。

五是健全市场和流通体系。推动形成全国统一大市场，是扩大内需的重要保障，高效流通对于供需顺畅对接非常重要。要破除地方保护和市场分割，加强统一的市场监管，促进市场公平竞争，构建全国统一大市场。要推进劳动力要素有序流动，健全城乡统一的建设用地市场，完善知识、技术和数据要素配置机制，持续提升要素市场化配置水平。要完善现代商贸体系，全面提升物流服务质量效率，促进生产与需求紧密结合。

六是深化改革开放。深化体制机制改革，实行更高水平开放，为释放超大规模国内市场潜力提供强大动力。要深化简政放权、放管结合、优化服务改革，全面实行权责清单制度，持续优化市场化法治化国际化营商环境。要加强消费者权益保护，推进消费市场监管和信用体系建设，畅通消费者维权机制，营造安全放心的消费环境。要健全投融资体制机制，加大对民间投资支持和引导，激发民间投资活力。要实施更高水平对外开放，稳步拓展规则、规制、管理、标准等制度型开放，更好利用国际高端要素促进国内市场建设。

七是优化分配格局。收入是民生之源，是消费的前提和基础，要坚持在发展中改善收入分配结构，让发展成果更多更公平地惠及全体人民，扎实推进共同富裕。要完善初次分配格局，坚持按劳分配为主体、多种分配方式并存，增加劳动者特别是一线劳动者的报酬，提高劳动报酬在初次分配中的比重，健全各类生产要素由市场决定报酬的机制，拓宽居民经营性、财产性收入渠道，扩大中等收入群体规模。要健全再分配调节机制，完善财政转移支付制度，更好发挥财税制度对收入分配的调节作用，健全多层次社会保障体系。

八是提升安全保障能力。安全是发展的前提，发展是安全的保障。要更好统筹发展和安全，不断提高安全保障能力，确保国内市场平稳发展。要保障粮食安全，深入实施藏粮于地、藏粮于技战略，健全粮食产购储加销体系，把饭碗牢牢端在自己手里。要扎实推进能源产供储销体系建设，加快构建现代能源体系，提高我国能源供应保障能力。要增强产业链供应链安全保障能力，有效维护产业链供应链稳定。要加强应急救援力量建设，提高应对突发应急事件的能力。

延伸阅读

1. 习近平:《正确认识和把握中长期经济社会发展重大问题》,《求是》2021年第2期。

2. 习近平:《把握新发展阶段,贯彻新发展理念,构建新发展格局》,《求是》2021年第9期。

3. 习近平:《关于〈中共中央关于制定国民经济和社会发展第十四个五年规划和二〇三五年远景目标的建议〉的说明》,《人民日报》2020年11月4日。

第六讲
构建高水平社会主义市场经济体制

2020 年中央经济工作会议明确指出，构建新发展格局，必须构建高水平社会主义市场经济体制。构建新发展格局是发展问题，但本质上是改革问题，是事关全局的系统性深层次变革。要全面深化改革，充分发挥市场在资源配置中的决定性作用，更好发挥政府作用，激发各类市场主体活力，建立有效的激励机制，建设全国统一大市场，构建高水平社会主义市场经济体制。

一、构建高水平社会主义市场经济体制为构建新发展格局提供体制和动力保障

构建新发展格局，关键在于实现经济循环流转和产业关联畅通，根本要求是提升供给体系的创新力和关联性，解决各类"卡脖子"和瓶颈问题，畅通国民经济循环。而做到这一点，必须全面深化改革。新发展格局不是自然而然形成的，构建新发展格局，要求政府积极主动作为，从制度框架、动力资源、互动机制等方面，推动有

利于新发展格局加快形成的体制机制改革。

构建高水平社会主义市场经济体制，以改革思维和改革办法打通经济循环堵点，确保经济循环畅通，这是构建新发展格局的关键。经济活动需要各种生产要素的组合在生产、分配、流通、消费各环节有机衔接，从而实现循环流转。如果经济循环过程中出现堵点、断点，循环就会受阻，国民经济发展就会出现经济增长速度下降、风险积累、国际收支失衡、产能过剩、企业效益下降等问题。通过深化改革，构建高水平社会主义市场经济体制，可以健全要素市场运行机制、构建现代流通体系、完善科技创新体制机制、改革收入分配制度等，可以扫除阻碍经济循环的制度、观念和利益羁绊，贯通生产、分配、流通、消费全过程各环节，畅通经济循环。

构建高水平社会主义市场经济体制，要求全面激发市场主体活力，实现供需良性互动，这是构建新发展格局的内在要求。在我国发展现阶段，畅通经济循环的关键任务是通过有效畅通供给侧，穿透循环堵点、消除瓶颈制约，创造就业和提供收入。微观市场主体活力在优化供给体系、提升有效供给能力中处于核心地位，是构建新发展格局的力量载体。同时，要注重需求侧管理，加快培育完整内需体系，释放内需潜力。通过深化改革，构建高水平社会主义市场经济体制，可以培育更多市场主体，激发市场主体活力，依法平等保护产权，营造鼓励企业创新的制度环境，为企业家捕捉新需求、发展新技术、研发新产品、创造新模式提供良好环境；建立起扩大内需的有效制度，使建设超大规模的国内市场成为一个可持续的历史过程，形成需求牵引供给、供给创造需求的更高水平动态平衡。

构建高水平社会主义市场经济体制，要求加快建设全国统一大市场，促进国内大循环，这是构建新发展格局的基础。经过改革开放以来 40 多年发展，我国已拥有全球最大最有潜力市场，具备了实现内部大循环、促进内外双循环的诸多条件，必须利用好大国纵深广阔的优势，使全国统一大市场的规模效应和集聚效应充分发挥。以国内大循环为主体，是针对全国而言的，不是各地都搞省内、市内、县内的自我小循环。只有通过深化改革，构建高水平社会主义市场经济体制，才能破除妨碍生产要素市场化配置和商品服务流通的体制机制障碍，破除地区封锁和市场分割，健全区域战略统筹、城乡协调发展、市场一体化发展等机制，加快构建全国统一大市场基础上的国内大循环。

构建高水平社会主义市场经济体制，要求建设高水平开放型经济新体制，实现国内国际双循环相互促进，这是构建新发展格局的重要内容。开放也是改革，构建新发展格局是开放的国内国际双循环，不是封闭的国内单循环，要坚持强化开放合作。在国内国际双循环中，形成对全球要素资源的强大吸引力、在激烈国际竞争中的强大竞争力、在全球资源配置中的强大推动力，需要深化要素市场化配置改革，持续深化商品、服务、资金、人才等要素流动型开放，加快推进规则、规制、管理、标准等制度型开放，改善我国生产要素质量和配置水平；需要进一步扩大市场准入，创造更加公平的市场环境，在更高水平上引进外资，加快推进贸易创新发展。

构建高水平社会主义市场经济体制，要求完善宏观经济治理，把握好改革发展安全的关系，这是构建新发展格局的前提和保障。在复杂环境下构建新发展格局，对于统筹发展和安全提出了更高要求。构建高水平社会主义市场经济体制要求处理好政府和市场的关系，把握好发展、改革、开放和安全的关系，运用好党的十八大以来形成的一系列改革理论成果、制度成果、实践成果，准确识变、科学应变、主动求变，在守正创新、开拓创新中推进事业发展；要求坚持国家利益至上，全面提高公共安全保障能力，坚持放管结合，完善宏观经济治理，织密织牢安全网，着力增强自身竞争能力、开放监管能力、风险防控能力，全面防范风险挑战，为构建新发展格局提供保障。

二、构建新发展格局需要充分发挥市场在资源配置中的决定性作用，更好发挥政府作用

改革开放 40 多年来，我们党把马克思主义基本原理同中国改革开放的具体实践结合起来，对政府和市场的关系进行实践探索和理论创新，逐步形成了处理市场和政府关系的理论成果、制度成果和实践成果，巩固和完善了社会主义基本经济制度。构建新发展格局，要充分发挥市场在资源配置中的决定性作用，更好发挥政府作用，推动有效市场和有为政府更好结合。

构建新发展格局要求充分发挥市场在资源配置中的决定性作用。市场经济本质上是市场决定资源配置的经济。构建新发展格局，要求充分发挥价值规律、竞争和供求规律等市场经济一般规律在资源配置中的决定性作用，使企业成为市场配置资源的主体，价格机制成为市场配置资源的核心，市场体系成为市场配置资源的基础，完善的市场秩序成为市场配置资源的保障。要坚持社会主义市场经济改革方向，从广度和深度上推进市场化改革，减少政府对资源的直接配置，减少政府对微观经济活动的直接干预，把市场机制能有效调节的经济活动交给市场，把政府不该管的事交给市场，让市场在所有能够发挥作用的领域都充分发挥作用，推动资源配置实现效益

最大化和效率最优化，为构建新发展格局提供更加坚实可靠的机制保障。

构建新发展格局要求更好发挥政府作用。市场在资源配置中起决定性作用，并不是起全部作用，也要发挥政府作用，这是社会主义市场经济体制的内在优势，也是构建新发展格局的重要支撑。一方面，要求政府管好市场管不了或管不好的事情，全面正确履行法定政府职能，不断完善政府经济调节、市场监管、社会管理、公共服务、生态环境保护等职能，坚决克服政府职能错位、越位、缺位现象，促进国家治理体系和治理能力现代化，为推动高质量发展、构建新发展格局服务；另一方面，要求政府合理引导市场主体预期，坚持深化供给侧结构性改革这条主线，全面优化升级产业结构，提升创新能力、竞争力和综合实力，增强供给体系的韧性，同时，要建立起不断巩固和增强市场资源优势的制度体系，建立起扩大内需的有效制度，释放内需潜力，加快培育完整内需体系，使建设超大规模的国内市场成为一个可持续的历史过程。

构建新发展格局要求推动有效市场和有为政府更好结合。在市场和政府作用的问题上，要讲辩证法、两点论。一只是政府"看得见的手"，一只是市场"无形的手"，构建高水平社会主义市场经济体制、构建新发展格局，必须处理好"两只手"之间的关系，努力形成市场作用和政府作用相互补充、相互协调、相互促进的局面。坚持使市场在资源配置中起决定性作用和更好发挥政府作用二者的有机统一。一方面，立足新发展阶段，坚定社会主义市场经济改革方向不动摇，让市场在资源配置中起的决定性作用能够充分发挥，提高全社会资源配置效率和水平；另一方面，从全局和战略高度把准构建新发展格局的新要求，立足当前、着眼长远做好战略谋划和政策引导，主动防范化解潜在风险，构建不需要外在刺激也能实现内生发展的新格局，实现与潜在增长率相匹配的增长速度。

三、坚持"两个毫不动摇"，激发各类市场主体活力

构建新发展格局，畅通国民经济循环要着力优化供给结构，改善供给质量。充分激发微观市场主体活力在优化供给体系中的核心地位，是贯通生产、分配、流通、消费各环节的重要载体。截至2020年底，我国登记注册市场主体近 1.4 亿户，比"十二五"期末增长 80.5%，其中企业 4342.2 万户、个体工商户 9418.7 万户，分别比"十二五"期末增长 98.7% 和 74.2%。这些市场主体作为我国经济活动的主要参与者、就业机会的主要提供者、技术进步的主要推动者，是构建新发展格局的基础力量。要充分激发各类市场主体活力，这是加快构建新发展格局的关键举措。

激发国有企业活力。国有企业是中国特色社会主义的重要物质基础和政治基础，是党执政兴国的重要支柱和依靠力量。毫不动摇巩固和发展公有制经济，发挥国有经济主导作用，必须更多运用改革思维和改革办法，以制度建设激发内生活力，以混合所有制改革积累发展动能，以监管改革强化外部保障，不断做优做强做大国有资本和国有企业，持续增强国有经济的竞争力、创新力、控制力、影响力、抗风险能力。一是加快国有经济布局优化和结构调整。这是激发国有企业活力的重要前提。要围绕优化结构、畅通循环、促进创新、稳定增长，聚焦主责主业发展实体经济，强化企业创新主体作用。按市场化原则推进战略性重组和专业化整合，提高国有资本配置效率。优化国有资本重点投向和领域，推动国有资本向关系

国家安全、国民经济命脉的重要行业和关键领域集中，向提供公共服务、应急能力建设和公益性等关系国计民生的重要行业和关键领域集中，向前瞻性战略性新兴产业集中，巩固和增强在关系国家经济、科技、国防、安全等领域的控制力、影响力。培育国有企业成为现代产业链"链长"。二是推动国有企业完善中国特色现代企业制度，全面落实"两个一以贯之"，把加强党的领导与完善公司治理统一起来，把企业党组织内嵌到公司治理结构之中，充分发挥党组织把方向、管大局、促落实的领导作用。加快建立各司其职、各负其责、协调运转、有效制衡的公司治理机制。围绕激发活力、提高效率，着力深化国有企业劳动、人事、分配三项制度改革，更好适应市场竞争要求。三是深化国有企业混合所有制改革。按照完善治理、强化激励、突出主业、提高效率的要求，深化国有企业混合所有制改革。坚持因地施策、因业施策、因企施策，宜独则独、宜控则控、宜参则参，不搞拉郎配，不搞全覆盖，不设时间表，积极引入战略投资者参与公司治理，推动企业完善治理结构，深度转换经营机制，健全中长期激励约束机制，围绕主责主业培育新的增长动能，打造充满活力、生机勃勃的微观市场主体。四是建立健全管资本为主的国有资产监管体制。聚焦管资本转变国资监管职能，推进监管理念、监管重点、监管方式、监管导向等多方位转变。优化管资本的方式手段，全面实行清单管理，深化国有资本投资、运营公司改革，科学合理界定政府及国资监管机构、国有资本投资运营公司和所持股企业的权责边界，对不同功能定位、行业领域、发展阶段的企业实行差异化分类考核，提高监督效能，切实防止国有资产流失。

优化民营企业发展环境。作为我国经济制度的内在要素，非公有制经济在稳定增长、促进创新、增加就业、活跃市场、改善民生、扩大开放等方面发挥了重要作用。毫不动摇鼓励、支持、引导非公有制经济发展，激发非公有制经济活力和创造力，要致力于优化支持非公有制企业尤其是民营企业发展的法治环境、政策环境和市场环境，构建亲清政商关系。一是要创造各类所有制经济公平参与竞争的市场环境。保障民营企业依法平等使用资源要素、公开公平公正参与竞争、同等受到法律保护，支持形成与民营经济贡献相匹配的要素投入结构。在电力、电信、铁路、民航、石油、天然气等重点行业和领域，进一步放宽民营企业市场准入。创新金融支持民营企业政策工具，健全融资增信支持体系。支持民营企业开展基础研究和科技创新、参与关键核心技术研发和国家重大科技项目攻关。二是要依法平等保护民营企业产权和企业家权益。及时甄别纠正侵犯民营企业产权和民营企业家财产权的冤错案件，建立涉政府产权纠纷治理长效机制，切实保障民营企业家的人身和财产合法权益。三是要完善促进中小微企业和个体工商户发展的政策体系。完善促进中小微企业和个体工商户发展的法律环境和政策体系，支持各类市场主体更好参与市场合作和竞争。引导大中小企业开展产业链供应链价值链合作，通过构建产业联盟、创新联合体等方式进一步激发中小微企业和个体工商户活力。

加快建设世界一流企业。企业强则国家强，企业兴则国家兴。弘扬企业家精神，打造一批世界一流企业，是实现高质量发展、构建新发展格局的重要支撑。企业家是稀缺的要素资源，是决定企业发展的"关键少数"。更好发挥企业家作用，要积极调动广大企业家积极性主动性创造性，引导企业家持续推进产品创新、技术创新、商业模式创新、管理创新、制度创新，做创新发展的探索者、组织者、引领者，努力把企业打造成为强大的创新主体。加快建设世界一流企业，要在产业集成、创新发展、品牌影响、治理能力、管理水平等方面持续发力、追求卓越，努力形成世界一流的竞争力、创新力、影响力和人才向心力，不断提升我国国际影响力、话语权和综合实力。

[知识链接]

"两个毫不动摇"

毫不动摇巩固和发展公有制经济，毫不动摇鼓励、支持、引导非公有制经济发展。党的十五大把"公有制为主体、多种所有制经济共同发展"确立为我国的基本经济制度，明确提出"非公有制经济是我国社会主义市场经济的重要组成部分"。党的十六大首次提出"毫不动摇地巩固和发展公有制经济"，"毫不动摇地鼓励、支持和引导非公有制经济发展"表述。党的十八届三中全会、四中全会、五中全会对公有制和非公有制关系进行了进一步细化。党的十九大将"两个毫不动摇"写入新时代坚持和发展中国特色社会主义的基本方略，作为党和国家一项重大方针进一步确定下来。

四、完善宏观经济治理，建立现代财税金融体制

科学有效的宏观经济治理，是构建高水平社会主义市场经济体

制的重要组成部分，是构建新发展格局的内在要求。构建新发展格局要求统筹国内国际两个市场、两种资源，统筹发展和安全，以顺畅有力的国内经济大循环更好吸引全球资源要素，对完善宏观经济治理体系、完善宏观经济政策制定和执行机制、提升宏观经济治理能力提出了更高要求。

着力发挥国家发展规划的战略导向作用。国民经济和社会发展中长期规划体现了国家意志、人民愿望和对发展规律的把握，明确了国家发展战略的目标和重点任务，是引导经济社会发展的重要纲领和制定宏观经济政策的主要依据。我国从 1953 年开始制定第一个五年计划，从"十一五"起，五年计划改为五年规划。我国一直坚持制定实施五年规划（计划），迄今已制定实施了 14 个五年规划（计划）。运用接续的中长期规划指导经济社会持续健康发展，确保国家战略目标、战略任务和战略意图的实现，体现了中国特色社会主义制度的独特优势，是我们党治国理政的重要方式。对五年规划（计划）的坚持和完善，是坚持和完善中国特色社会主义制度、推进国家治理体系和治理能力现代化的一项重要内容。

着力完善财政政策和货币政策手段。财政政策和货币政策是宏观调控的主要手段，完善宏观经济治理体系，需要着力完善财政政策和货币政策手段。财政政策具有促进经济增长、优化结构和调节收入分配的重要功能。因此，要调整优化财政支出结构，加大对解决经济社会发展中不平衡、不充分问题的财政支持力度，科学实施结构性减税降费，支持实体经济发展。货币政策在保持币值稳定和总量平衡方面具有重要作用。要健全货币政策和宏观审慎政策双支柱调控框架，健全基础货币投入机制，完善利率调控和传导机制，加强货币政策、宏观审慎政策和金融市场监管的协同性，强化有效防范系统性金融风险能力和逆周期调节功能，增强金融政策普惠性，提升金融服务实体经济能力。

着力加快建立现代财税金融体制。建立现代财税体制，要使国家财政统一完整、权责对等、高效公平、公开透明等特征更加彰显，为科学规范政府与市场、政府与社会、中央与地方关系进一步夯实制度基础。重点是深化预算制度改革，进一步理顺中央和地方财政关系，完善现代税收制度，健全政府债务管理制度，更好发挥现代财税体制在贯彻国家战略、资源配置、财力保障和宏观调控方面的重要作用，为推动经济高质量发展、加快构建新发展格局提供有效支撑。建立现代金融体制，必须建设现代中央银行制度，完善现代金融监管体系，保障金融稳定和国家安全。现代市场经济不仅表现在商品市场组织结构、经营业态、交易方式等方面的不断创新，更突出表现在生产要素市场特别是资本市场高度发展和不断深化。要大力发展资本市场，提高直接融资比重，强化金融服务实体经济的能力。

着力健全就业、产业、投资、消费、环保、区域等政策紧密配合机制。把握我国构建新发展格局的新要求，促进就业、产业、投资、消费、环保、区域等政策协同发力，构建更加高效的宏观政策供给体系。坚持实施就业优先政策，加大对就业容量大的服务业、部分劳动密集型产业、灵活就业和新就业形态的支持。突出产业政策的战略引导作用，强化对技术创新和结构升级的支持，加强产业政策和竞争政策协同。发挥投资对优化供给结构的关键作用，以有效投资稳定总需求、促进经济结构调整，多措并举激发社会资本投资活力。完善促进消费的政策体系，进一步深化收入分配制度改革，释放消费潜力，增强消费对经济发展的基础性作用。实施因地制宜、分类指导的区域政策，完善国家重大区域战略推进实施机制，统筹区域分类指导和统一市场建设。完善绿色生产和消费的政策体系，实行最严格的生态环境保护制度，使生态文明内化于经济社会发展。

着力完善宏观经济政策制定和执行机制。在健全宏观经济治理体系的基础上，完善宏观经济政策的综合协调机制，使宏观经济治理目标制定和政策手段保持统一连贯协调，形成治理合力。加强部门之间的协调，充分发挥经济综合部门的统筹协调作用。加强宏观经济政策的动态管理，把预期管理作为宏观经济治理的重要内容，针对新情况新问题不断加以调整完善，适时适度进行预调微调，增强政策连续性、应变性、可预期性。当经济平稳运行时，加快推出一些促改革、调结构的政策措施；当经济出现波动时，预调微调的力度就要大一些；当经济出现下滑时，采取力度更大的稳增长措施。持续开展重大问题研究，加强中长期、跨周期宏观经济政策预研，增强宏观调控的前瞻性，着力提高逆周期调节能力。强化风险意识和底线思维，针对经济运行中周期性和突发性等不同情形，分类研究政策措施，形成综合性应对预案和专项应对预案。通过良好的宏观经济政策制定和执行机制，实现各项政策手段的优化组合、协同发力，避免单项政策各自为政，避免政策之间效力相互抵消或过度叠加。

着力提升宏观经济治理能力。提升宏观治理能力，既要正确认识社会主义市场经济的本质特征和市场经济的一般规律，认真总结经验，也要合理借鉴国外有益做法，不断完善现有宏观调控工具，提升政府科学调控能力。要以科学适度的宏观调节促进经济总量平衡、结构优化、内外均衡，及时有效弥补市场失灵。要顺应数字经济、数字社会发展趋势，善于运用现代技术手段，充分发挥大数据等新技术的辅助作用。针对复杂多变的国内外形势，提升宏观经济监测预警和风险防控能力，加强基于大数据的经济监测预警能力建设，逐步实现宏观经济信息管理的网络化、智能化，建立风险冲击预判预警制度，加强风险防范和应对处置能力。充分运用现代信息技术手段辅助治理能力，发挥互联网、大数据、云计算、区块链、人工智能等现代技术手段的辅助决策作用，实现对经济运行动态和结构变化的实时跟踪，提高市场分析、形势研判、政策模拟、效果反馈能力，增强时效性和精准度，为宏观经济治理提供有效支撑。

五、建设高标准市场体系，转变政府职能，打造市场化法治化国际化营商环境

市场是全球最稀缺的资源，是我国积极参与重塑全球竞争格局的重要优势与关键支撑。市场体系是社会主义市场经济体制的重要组成部分，是畅通国内循环的坚实基础。市场资源是我国的巨大优势。从需求看，我国拥有14亿多人口，其中有4亿多中等收入人群，商品零售额位居世界第二，今后还有稳步增长空间。从供给看，我国基于国内大市场形成的强大生产能力，能够促进全球要素资源整合创新，不断拓展和巩固市场优势。充分利用和发挥好这一巨大市场资源优势，必须建设高标准市场体系，转变政府职能，打造市场化法治化国际化营商环境，把我国巨大的市场潜力转化为实际需求，形成构建新发展格局的雄厚支撑。

建设高标准市场体系。高标准市场体系建设，有助于破除妨碍生产要素市场化配置和商品服务流通的体制机制障碍，畅通市场循环，疏通政策堵点，打通流通大动脉，推进市场提质增效，有助于

充分发挥大国经济规模效应与集聚效应，贯通生产、分配、流通、消费各环节，促进国内供需有效对接，实现内部可循环；有助于提供强大国内市场和供给能力，支撑并带动外循环，为构建新发展格局提供有力的制度支撑。构建新发展格局，要深入实施高标准市场体系建设行动，通过五年左右的时间，在建设统一开放、竞争有序、制度完备、治理完善的市场体系上有实质性突破和进展，努力实现市场准入畅通、开放有序、竞争充分、秩序规范，为建设更加完善的社会主义市场经济体制、推动经济高质量发展打下坚实基础。夯实市场体系基础制度，全面完善产权保护制度，全面实施市场准入负面清单制度，全面完善公平竞争制度。推进要素资源高效配置，推动经营性土地要素市场化配置，推动劳动力要素有序流动，促进资本市场健康发展，发展知识技术和数据要素市场。改善提升市场环境和质量，提升商品和服务质量，强化消费者权益保护，强化市场基础设施建设。实施高水平市场开放，扩大服务业市场开放，推动规则等制度型开放。完善现代化市场监管机制，完善新型监管机制，健全企业信用监管机制，健全社会监督机制，维护市场安全和稳定。

加快转变政府职能。构建新发展格局，要求政府积极主动作用，加快转变职能，全面正确履行政府职能，更好发挥政府作用。加快转变政府职能，关键是要明确往哪里转和怎么转。在总结经验的基础上，党的十八大确定了转变政府职能的总方向就是创造良好发展环境、提供优质公共服务、维护社会公平正义，以这个总方向为指引科学界定政府职能范围。具体来看，要建设职责明确、依法行政的政府治理体系，深化简政放权、放管结合、优化服务改革，全面实行政府权责清单制度。全面正确履行经济调节、市场监管、社会管理、公共服务职能，减少对微观事务的管理，把不该由政府管理的事项转移出去，把该由政府管理的事项管住管好，有所为有所不为，既履行好管理职能，也履行好服务职能，管理和服务不能偏废，做到不越位、不错位、不缺位。发挥法治对转变政府职能的引导和规范作用，既要重视通过制定新的法律法规来固定转变政府职能已经取得的成果，引导和推动转变政府职能，也要重视通过修改或废止不合适的现行法律法规为转变政府职能扫除障碍，坚持用制度管权管事管人，做到有权必有责、用权受监管、违法要追究。

打造市场化、法治化、国际化营商环境。营商环境是企业生存发展的土壤，打造市场化、法治化、国际化营商环境，就是为企业生存发展提供优质土壤，这也是加快转变政府职能的一项重要内容。市场化的营商环境，就是要让市场在所有能够发挥作用的领域都充分发挥作用，通过深化商事制度改革，打破行政性垄断，防止市场垄断，加快要素价格市场化改革，放宽服务业准入限制，完善市场监管体制，深化行业协会商会和中介机构改革，为各类所有制企业提供公平、透明的发展环境，让企业和个人有更多活力和更大空间去发展经济、创造财富。法治化的营商环境，就是要用法治来规范政府和市场的边界，在法治框架内调整各类市场主体的利益关系，依法平等保护国有、民营、外资等各种所有制企业产权和自主经营权，完善知识产权保护法律体系，增强知识产权民事和刑事司法保护力度，把平等保护贯彻到立法、执法、司法、守法等各个环节。国际化的营商环境，就是要尊重国际营商惯例，对在中国境内注册的各类企业一视同仁、平等对待，完善公开、透明的涉外法律体系，全面深入实施准入前国民待遇加负面清单管理制度，推进国内高水平高标准自由贸易试验区建设，促进内外资企业一视同仁、公平竞争，营造国际一流营商环境。

延伸阅读

1. 习近平:《毫不动摇坚持我国基本经济制度，推动各种所有制经济健康发展》,《习近平谈治国理政》第二卷，外文出版社 2017 年版。

2. 习近平:《大力支持民营企业发展壮大》,《习近平谈治国理政》第三卷，外文出版社 2020 年版。

3. 习近平:《经济工作要适应经济发展新常态》,《习近平谈治国理政》第二卷，外文出版社 2017 年版。

4. 习近平:《深入理解新发展理念》,《习近平谈治国理政》第二卷，外文出版社 2017 年版。

第七讲
推动金融更好服务实体经济

习近平总书记指出，新发展格局是根据我国发展阶段、环境、条件变化作出的战略决策，是事关全局的系统性深层次变革。在构建新发展格局的背景下，金融要以服务实体经济为根本，完善宏观调控跨周期设计和调节，健全具有高度适应性、竞争力、普惠性的现代金融体系，既积极支持经济发展，又防止债务扩张和资产泡沫等问题，实现稳增长和防风险长期均衡，为实体经济高质量发展和供给侧结构性改革提供长期稳定的货币金融环境。

一、金融对于畅通国民经济循环、构建新发展格局意义重大

（一）正确认识经济与金融的关系

习近平总书记多次强调，金融活，经济活；金融稳，经济稳。经济兴，金融兴；经济强，金融强。产业为本，金融为器。经济是肌体，金融是血脉，两者共生共荣。

一方面，金融是实体经济持续发展的动力。在市场经济环境下，金融是实体经济活动的持续推动力，小到个体工商户，大到跨国集团公司，如果没有融资支持而仅靠原始积累，企业的发展壮大速度就会慢许多。任何国家的经济发展都必须以金融发展为助力，美国之所以能够一马当先从技术革命中获得超额利润，关键就在于美国金融市场发展领先于其他国家。

另一方面，实体经济是金融持续繁荣的基石保障。金融一旦脱离服务实体经济这个本源，陷入"自我循环"，就可能形成虚拟经济泡沫，对实体经济发展也可能造成负面影响。2007 年美国爆发的"次贷危机"就是在宽松的货币和金融监管环境下，华尔街的金融创新脱离了服务实体经济的根本宗旨，玩起了"以钱生钱"的游戏，最终泡沫破裂引发流动性危机，传染至实体经济带来巨大的负面冲击。新冠肺炎疫情暴发后，一些发达国家实行超宽松财政货币政策，2020 年全球宏观杠杆率（债务 / 国内生产总值）较上年提高 35 个百分点，达到创纪录的 355%。国际金融市场严重背离实体经济，有可能造成新一轮全球金融危机，值得高度关注。

（二）金融支持对于促进新发展格局形成具有重要意义

从国际看，当今世界正经历百年未有之大变局，国际政治、经济格局发生深刻调整。世界范围内保护主义和民粹主义升温，国际贸易投资格局和产业链布局受到冲击，未来我国外部发展环境将更加严峻，关键领域独立自主是应对外部不确定性的有效途径。从国内看，我国正由高速增长转向高质量发展。中国特色社会主义进入新时代，社会生产力水平显著提高，突出的问题是发展不平衡不充分，尚不足以满足人民日益增长的美好生活需要。面对复杂严峻的国内外形势，党中央总揽全局，着眼长远，果断提出构建"以国内大循环为主体、国内国际双循环相互促进"的新发展格局。如何使金融更好服务于实体经济创新发展，帮助实现实体经济循环流转和产业链关联畅通，提高资源配置效率，成为当前摆在金融系统面前的重要课题，对于促进形成双循环格局的意义重大。

一是提升金融服务实体经济能力有助于扭住扩大内需的战略基点。内需是推动大国经济增长的关键和最大动力。双循环格局的战略基点就是强化我国经济的内需驱动。但从目前来看，我国内需不平衡的结构性问题依然存在。与发达国家相比，我国最终消费率明显偏低，近十年来平均不足 60%。中等收入群体对消费增长的拉动作用有待进一步释放。根据国家统计局数据，我国约有 4 亿人为中等收入群体。据测算，若中等收入人口保持每年 7.2% 的增速，则十年后中等收入群体规模将翻一番，这种规模增长将使未来十年国内生产总值增长率年均提高 0.5 个百分点。应继续加快收入分配制度改革，完善社会保障安全网，提高居民可支配收入，更好发挥我国超大规模市场优势和旺盛需求潜力。为持续健康稳定扩大内需，金融体系须坚持逆周期调节政策，安排好社会融资总量、节奏，更好发挥金融在提升居民收入、扩大最终消费等方面的积极作用，综合运用多种金融工具，支持创新创业，扩大中等收入群体规模，加快普惠金融和"大零售"战略实施，完善消费信贷管理，促进形成更具活力的消费市场。

二是提升金融服务实体经济能力有助于更好地打通国民经济循环的各个环节。新冠肺炎疫情现阶段还有诸多不确定性，全球产业链供应链局部受阻或断裂的风险仍然较大。少数发达国家不断制造麻烦，继续奉行所谓本国优先的单边主义。我国产业链供应链面临全球经济衰退与市场萎缩、部分关键核心技术产品缺失、基础原材料与高端零部件断供、物流不畅与外贸出口受阻、制造业外迁等风险，容易形成双循环的堵点。加大金融支持力度，有利于进一步发挥优化资源配置作用，重点向科技攻关企业提供足够的融资支持，着力提升制造业核心环节、关键要件的自主化水平，解决"卡脖子"问题和其他突出短板，支持专精特新企业发展，提高制造业供给体系对国内需求的适配性；有利于促进科技创新，提升资源利用效率，加强可再生能源开发利用，实现大宗商品进口来源地多元化，扩大大宗商品产能，减少对外部大宗商品的依赖，帮助打通生产、分配、流通、消费各个环节，加速国民经济供给与需求、上中下游、大中小企业等之间的有机循环。

三是提升金融服务实体经济能力有助于更好地实现对外开放。国际经济联通和交往仍是世界经济发展的客观要求。对外开放是我国的基本国策，也是我国经济持续发展的重要动力。但目前来看，我国对外开放仍然存在对外直接投资区域分布不合理、低附加值加工贸易占比较高等问题。提升金融服务实体经济能力，就是要通过加大金融资源配置，综合运用股权投资、银团贷款、项目融资、出口信贷等方式，为中国企业"引进来""走出去"提供多层次的融资支持。加强国际金融合作，推动加快建设一批有较大区域影响力的境外合作园区。鼓励更多使用人民币参与贸易结算，提升人民币国际化使用水平，减少企业贸易汇兑风险。在金融支持下，更好地通过产业转型升级应对逆全球化和全球价值链重构，引导进出口结构从"大进大出"向"优进优出"转变，更高效地参与全球分工。

四是提升金融服务实体经济能力有助于防范化解重大风险。

习近平总书记指出，实体经济健康发展是防范化解风险的基础。换言之，防范化解金融风险要跳出金融看金融。在后疫情时期，唯有坚持金融服务实体经济的导向，把服务实体经济和防控金融风险有机结合，正确处理好恢复经济和防范风险的关系，才能在推动高质量发展的同时有效防范化解金融风险。当前我国金融风险总体呈现收敛态势，但部分领域的风险形势仍然复杂严峻。经济金融"三个失衡"现象依然突出：一是实体经济供需失衡，二是金融业内部失衡，三是金融和实体经济循环失衡。构建新发展格局需要坚持系统观念，注重防范化解重大金融风险，实现发展质量、结构、规模、速度、效益、安全有机统一。在宏观层面，通过稳增长控债务总量，保持宏观杠杆率基本稳定；在中微观层面，处理好改进实体经济金融服务与防范风险的平衡，避免陷入消极防范金融风险或片面强调金融服务两个极端，坚决守住不发生系统性金融风险的底线。

二、促进金融体系更有效配置资源，提升国民经济循环效率

现代金融体系是资源配置和宏观调控的重要工具，也是构建新发展格局的重要引擎。良好的金融体系不仅能为各类市场主体参与双循环提供更高质量、更有效率、更为可靠的金融服务，而且能够带动人流、物流、信息流及其他生产要素的流动与配置，进而从供给和需求两端刺激生产和消费，提升国民经济循环效率。

一是加强党对金融工作的集中统一领导。金融管理部门要更加自觉地增强"四个意识"，坚定"四个自信"，做到"两个维护"，更加善于从政治眼光观察经济金融问题，善于从事物复杂的表象中

找出最本质的联系，始终把人民利益放到最高位置，切实承担宏观调控和金融管理责任。地方党委和政府在金融管理中也发挥着非常重要的作用。事实上，绝大多数金融机构都是地方法人，地方党委要加强对地方法人金融机构的领导，地方政府要承担国有金融资本管理和风险处置属地责任。特别是对于各种"无照驾驶"的非法金融活动，管理和整治的主体责任都在地方。中央金融管理部门须与地方党委和政府密切联系、相互支持、协同发力，与金融腐败作坚决斗争，对违法违规行为零容忍。

二是完善货币供应调控机制。完善中央银行调节银行货币创造的流动性、资本和利率约束的长效机制，保持货币供应量和社会融资规模增速与反映潜在产出的名义国内生产总值增速基本匹配。增强货币政策操作的规则性和透明度，建立制度化的货币政策沟通机制，有效管理和引导预期。稳妥推进数字货币研发，有序开展可控试点，健全法定数字货币法律框架。完善中央银行政策利率体系，健全利率走廊机制，完善国债收益率曲线。深化贷款市场报价利率改革，使央行政策利率通过市场利率向贷款利率和存款利率顺畅传导。破除贷款利率隐性下限，引导金融资源更多配置至小微、民营企业，提高小微、民营企业信贷市场的竞争性，从制度上解决小微、民营企业融资难融资贵问题。

三是构建多层次、广覆盖、有差异的金融机构体系。改变片面追求金融业发展规模和速度的倾向，坚持质量优先，引导金融业发展同经济社会发展相协调。目前我国基本形成开发性、政策性、商业性、合作性金融共同发展的格局。要坚持大中小结合，金融市场公平竞争，城乡协调发展，促进形成合理的金融机构体系。开发性、政策性金融机构要实施政策性业务与商业性业务分账管理，提升支持国家战略的能力。国有大型商业银行要发挥"头雁效应",坚持主业,改进内部激励约束机制、审批管理机制,加强科技赋能,提升金融服务质效。股份制银行要实现差异化经营,明确自身市场定位,更好地支持国民经济重点领域和薄弱环节。城市商业银行、农村商业银行、农村信用合作社要完善治理结构,保持县域法人金融机构法人地位总体稳定,立足当地,更好服务小微企业、"三农"等领域。

四是加强金融有效供给,不断优化融资结构。数据显示,近年来中国间接融资占比一直维持在70%以上,与此同时,在直接融资方面,境内新增非金融企业境内股票融资占同期新增社会融资额的比重由2016年的7.0%下降至2020年的2.6%。债券融资尽管总量持续增加,但内部结构仍不均衡,地方政府债、国债、政策性银行债占比较高。因此,为提升金融体系与构建新发展格局的适应性和协调性,要大力促进直接融资发展,强化资本市场的基础制度建设,全面推行股票发行注册制,提高直接融资特别是股权融资比重,丰富债券市场产品和层次,建设有活力、高效率、功能健全的现代化资本市场,通过市场发现和支持具有发展潜力和良好前景的企业,推动新技术、新产业、新业态、新模式发展。

五是丰富金融产品体系,满足多样化金融需求。鼓励金融机构积极开发个性化、差异化、普惠性金融产品,创新线下线上融资模式。探索创新研发贷款、股权投资、中长期贷款、私募基金、风险投资等融资工具,为科技创新提供全生命周期融资。依托产业链核心企业的信用以及物流、信息流、资金流,探索为上下游中小微企业提供适应现代经济创新活动要求的产业链供应链金融产品。引领金融科技健康发展,支持金融机构运用人工智能、大数据、区块链

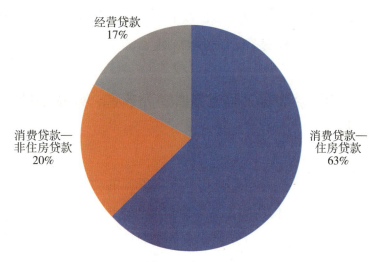

图 7—1 我国住户部门贷款余额（总计 47.9 万亿元）

等金融科技手段，围绕促进消费、扩大内需推动金融服务创新，支持新业态新模式发展和全球有效配置金融资源，管理和对冲金融市场风险，规范跨境数据流动，为构建新发展格局重点领域和重点环节提供高水平金融支持。

六是建设高质量金融基础设施，提高独立自主水平。以新发展理念为引领、以技术创新为驱动、以新型网络为基础，统筹构建独立自主、先进可靠、富有弹性的金融数字基础设施体系。加强金融基础设施的法治建设、管理统筹和规划建设，推动形成布局合理、治理有效、先进可靠、富有韧性的金融基础设施体系。探索与数字经济相适应、与金融安全要求相匹配的数据存储方案，稳步推动分布式数据库金融应用，实现基础设施数据高效存储和弹性扩展。加强金融科技创新研究及其在金融基础设施建设中的应用，运用现代通信技术打造数字金融"高速公路"，构建技术先进、数据广聚、服务高效的数字基础设施，提升业务承载能力和交易流转效率，拓展金融基础设施覆盖范围，弥合数字鸿沟，提升运行效率。加强信用体系建设，进一步发挥征信机构作用。

三、引导金融回归服务实体经济本源，实现金融与经济协调发展

金融回归本源就是有效发挥其配置资源的功能，提高中介效率和分配效率，为实体经济提供更好的金融服务。在新发展阶段，金融工作要主动适应高质量发展要求，主动适应全面建设社会主义现代化国家新形势，主动适应深化供给侧结构性改革主线，把更多金融资源配置到经济社会发展的重点领域和薄弱环节，为国内国际双循环提供不竭动力。

一是完善有中国特色的科创金融体系。支持金融机构围绕创新链打造资金链，为科技创新企业提供全方位金融服务，形成金融、科技和产业良性循环和三角互动。加快培育形成各具特色、充满活力、市场化运作、专业化管理的创业投资机构体系。多渠道拓宽创业投资资金来源。充分发挥主板、科创板、中小企业板、创业板和全国中小企业股份转让系统（新三板）功能，畅通创业投资市场化退出渠道。支持科创领域的交易型开放式指数基金（ETF）、S基金发展。探索金融支持高科技农业发展的有效路径，加大对林下经济、板下经济、生物种业、现代农机、智慧农业等农业科技领域的支持力度。

二是构建绿色金融体系，支持绿色发展。按照"三大功能""五大支柱"的绿色金融发展政策思路，完善政府激励，充分利用市场机制，构建多层次、多元化的绿色金融市场体系。推

广 ESG（环境、社会和公司治理）理念，鼓励银行业金融机构加快创新绿色金融产品和服务，增强金融体系管理气候变化相关风险的能力。推动建设碳排放权交易市场，为排碳合理定价。逐步健全绿色金融标准体系，明确金融机构监管和信息披露要求，加快培育和发展中介服务机构，促进绿色金融发展。加强国际合作，主动推进绿色金融标准国际趋同。积极利用"一带一路"合作机制，推动绿色金融区域合作，引导国际资金加快投资我国绿色金融资产的步伐。

[知识链接]

"三大功能""五大支柱"绿色金融发展思路

所谓"三大功能"，主要是指充分发挥金融支持绿色发展的资源配置、风险管理和市场定价三大功能。一是通过货币政策、信贷政策、监管政策、强制披露、绿色评价、行业自律、产品创新等，引导和撬动金融资源向低碳项目、绿色转型项目、碳捕集与封存等绿色创新项目倾斜。二是通过气候风险压力测试、环境和气候风险分析、绿色和棕色资产风险权重调整等工具，增强金融体系管理气候变化相关风险的能力。三是推动建设全国碳排放权交易市场，发展碳期货等衍生产品，通过交易为排碳合理定价。

要发挥好这"三大功能"，有必要进一步完善绿色金融体系"五大支柱"。一是加快构建绿色金融标准体系。

人民银行遵循"国内统一、国际接轨"原则，重点聚焦气候变化、污染治理和节能减排三大领域，不断完善绿色金融标准体系。目前，绿色金融统计制度逐步完善，多项绿色金融标准制定取得较大进展，中欧绿色金融标准对照研究工作即将完成，为规范绿色金融业务、确保绿色金融实现商业可持续性、推动经济社会绿色发展提供了重要保障。二是强化金融机构监管和信息披露要求。持续推动金融机构、证券发行人、公共部门分类提升环境信息披露的强制性和规范性。中英金融机构气候与环境信息披露试点工作不断推进，试点经验已具备复制推广价值。中国人民银行组织研发的绿色金融信息管理系统，实现了监管部门与金融机构信息直连，提升了绿色金融业务监管的有效性。三是逐步完善激励约束机制。通过绿色金融业绩评价、贴息奖补等政策，引导金融机构增加绿色资产配置、强化环境风险管理，有利于提升金融业支持绿色低碳发展的能力。四是不断丰富绿色金融产品和市场体系。通过鼓励产品创新、完善发行制度、规范交易流程、提升透明度，我国目前已形成多层次绿色金融产品和市场体系，下一步将继续推动产品创新和市场稳健发展。五是积极拓展绿色金融国际合作空间。在绿色金融国际合作方面，我国积极利用各类多双边平台及合作机制推动绿色金融合作和国际交流，提升了国际社会对我国绿色金融政策、标准、产品、市场的认可和参与程度。

三是构建新能源发展和能源供给体系战略调整的金融支持体系。针对我国对外能源依赖度较高的实际，有重点地加大对石油、天然气等传统化石能源进口和水电、风电、光电等可再生能源产业、能源高效利用产业的金融支持力度，对于符合绿色金融政策框架内的项目尽可能地予以纳入。优化"一带一路"沿线地区能源开发建设金融服务，支持金融机构与"走出去"企业深入合作，深度参与海外能源开发建设。加快推进能源及其衍生品市场体系高质量发展。完善上海原油期货规则制度，探索建立新能源人民币计价结算体系。

四是大力发展普惠金融，着力缓解小微和民营企业融资难融资贵问题。完善多元化、广覆盖的普惠金融组织体系，推动形成商业性、政策性、开发性、合作性等金融机构共同参与微型金融和普惠金融发展的大格局。深入开展金融机构中小微企业金融服务能力提升工程，引导优化内部资源配置、强化外部激励约束，创新针对微型金融和普惠金融重点服务对象的金融产品和服务，充分发挥数字技术优势，建立健全广覆盖、可持续、互助共享、线上线下同步发展的普惠金融体系和信贷风险识别、监控、预警和处置体系。优化微型金融和普惠金融发展生态，加强数字普惠金融领域的金融标准建设，保持小微企业融资"量增、面扩、价降"的良好态势。

五是发展适应新发展格局的产业链金融。引导金融机构加快落实《关于规范发展供应链金融支持供应链产业链稳定循环和优化升级的意见》，支持通过产品创新、内外联动提供全产业链金融服务，向产业链核心企业和上下游企业提供集成化金融解决方案。鼓励发展供应链金融产品，强化应收账款确权，提升应收账款票据化水平，加强核心企业信用传导。完善配套金融基础设施建设，进一步发挥应收账款融资服务平台作用，提高产业链中小企业融资可得性，降低融资成本。

六是做好民生发展金融服务。深入推进金融支持巩固拓展脱贫攻坚成果和乡村振兴工作，强化粮食安全、种业发展、高标准农田建设等重点领域的金融服务，加大对家庭农场、农民专业合作社等新型农业经营主体的信贷投放。完善金融市场，引导金融机构开发多样化金融产品和服务，为居民提供更多渠道实现财产性收入增长。大力发展养老、健康金融，建设完善养老保险体系三支柱框架，鼓励金融机构积极开发多样化养老金融产品，创新发展养老地产、医养结合、智慧养老等服务模式。在有效防控风险的前提下，将数字化技术、电商平台与消费金融发展深度结合，促进数字化经济转型。

四、提升金融开放水平和监管能力，发挥促进国内国际双循环的重要作用

近年来，我国金融业开放取得了突破性进展。中国人民银行会同其他金融监管部门集中宣布了 50 多条对外开放措施，不仅取消了银行、证券、基金管理、期货、人身险领域的外资股比限制，还取消了企业征信、信用评级、支付清算等领域的市场准入限制，金融市场双向开放的程度不断提升，为实现我国高水平开放、维护开放型世界经济体系作出重要的努力。在构建新发展格局的形势下，我国经济高质量发展需要实现更大范围、更宽领域、更深层次的开放，对相应的金融监管也提出更高要求。

一是统筹推进人民币汇率形成机制改革和人民币国际化。顺应市场需求，稳步推进资本项目可兑换，稳慎推进人民币国际化，提高管理国际化货币的能力。人民币自 2016 年加入特别提款权

（SDR）货币篮子以来，已被正式赋予全球公共物品属性。人民币国际化水平的提升，将增加储备货币这一全球公共物品的有效供给。人民币汇率形成机制改革也将增强人民币汇率弹性，更好地发挥汇率在宏观经济稳定和国际收支平衡中的"自动稳定器"作用。继续坚持负责任大国定位，加强货币政策国际协调，不将汇率工具化，不搞以邻为壑的竞争性贬值。新形势下的人民币国际化将在坚持市场主导的基础上，进一步完善对本币使用的支持体系，为市场作用的发挥创造更好的环境和条件。

二是提高金融对外开放水平。推动金融业系统化、制度化开放，全面落实外商投资准入前国民待遇加负面清单管理制度，为外资进入国内市场提供公平、公正的竞争环境，发挥内外资金融机构连接国内国际双循环的重要作用，为参与内外循环的各类市场主体提供更好的金融服务。以实施上海国际金融中心、粤港澳大湾区、海南自由贸易港等国家发展战略为突破口，按照国际化、市场化、法治化原则，扩大金融市场高水平开放，优化金融市场互联互通安排。遵循国际惯例和债务可持续原则，健全开放、多元、市场化投融资体系，提高"一带一路"资金融通水平，促进共建"一带一路"高质量发展。

三是强化监管防范风险。金融管理部门要加强宏观政策协调，防范化解可能形成的各类金融风险。中国人民银行要完善与建设现代中央银行制度相适应的货币政策框架和基础货币投放机制；探索构建矩阵式管理的宏观审慎政策框架，逐步扩大宏观审慎政策的覆盖范围。金融监管部门要以强化金融监管为重点，对市场准入、治理运营、跨境交易、跨境监管、市场退出等方面做出系统性规范，下大力气整治金融乱象，规范金融秩序；要完善金融机构法人治理结构，推动提高风险内控标准，增强风险抵御能力。金融管理部门要加强系统重要性金融机构和金融控股公司等金融集团的监管，健全防范化解风险长效制度。建立权威高效专业的风险处置机制，发挥存款保险制度在问题机构有序退出中的作用，继续完善中央和地方双层金融监管体制。健全金融风险预防、预警、处置、问责制度体系，对违法违规行为零容忍，提高金融监管透明度和法制化水平。构建有效的风险阻断机制，主动应对国际金融市场震荡，确保中国金融体系安全高效运行，建好各类"防火墙"，提高防范和化解重大风险的能力，使监管能力与开放水平相适应。

五、新发展格局下的金融数字化转型

习近平总书记深刻指出，"没有信息化就没有现代化"。金融业要认真贯彻落实党中央、国务院决策部署，围绕服务构建以国内大循环为主体、国内国际双循环相互促进的新发展格局，齐心协力绘制金融信息化新蓝图，推动金融信息化工作加速迈向全面互联、协同创新的新阶段，为经济社会高质量发展贡献力量。

金融服务更普惠。一是释放数据要素倍增作用。充分发挥数据在金融业价值链流转中对人才、资本等要素的乘数效应，加强跨行业、跨部门数据整合利用，引导金融资源配置到经济社会发展的关键领域和薄弱环节，提升金融服务精准度。二是发挥人工智能"头雁效应"。加强认知计算、群体智能、智能人机交互等前沿技术研究，构建多元化、差异化的智能算法模型，创新全流程智慧金融模式。三是借力新兴网络触达优势。运用新一代移动通信、物联网等技术高通量、低延时、广覆盖的优势提升金融业务效率，利用 5G 技术打造金融服务新模式，探索无处不在、无微不至的数字金融服务新体验。四是深挖区块链的信任价值。发挥区块链分布式账本可追溯、防篡改、聚共识等优势，推动"信息网络"向"信任网络"变迁，打造数字经济发展新引擎。

核心技术更可控。一是坚持问题导向。聚焦金融信息化重大科学前沿问题和理论瓶颈，加大核心芯片、操作系统、量子通信等底层技术金融应用的前瞻性与战略性研究攻关，抢占信息化发展制高点。二是坚持需求引领。将科技创新与国家需要、人民期盼、市场诉求紧密结合，从真实金融场景出发打造具有自主知识产权、可商业化运营的科技产品，做好科技选型与融合应用，打造信息技术金融应用的"中国方案"。三是坚持产用协同。深化金融信息化产学研用对接合作，搭建一批专业化的金融核心技术创新合作平台，实现产业链上下游资源整合和优势互补，形成产业各方互为支撑、相互促进的金融信息化发展良性生态。四是坚持包容开放。加强金融信息化技术应用国际交流合作，将国外前沿技术"引进来"与国内先进技术"走出去"并重，服务我国金融信息化建设，助力全球金融信息化发展。

网络安全更可靠。一是强化金融网络安全顶层设计。严格落实《中华人民共和国网络安全法》，出台金融网络安全、金融关键基础设施保护等规章，制定金融网络安全等级保护等规范，建立规范化、法制化的金融网络安全制度体系。二是筑牢系统安全防护体系。加强金融网络安全政策、技术、形势等研究，打造金融网络安全管理专业团队，深入开展网络安全攻防对抗演练，建设跨行业、全局性安全态势感知与信息共享平台，构建金融网络安全风险联防联控机制。三是加强数据资源安全保护。规范金融数据全生命周期分级分类安全管理，重点针对海量数据存储、跨境数据流动、个人信息保护等方面建立长效安全防护机制，严防金融数据资源泄露、篡改与不当使用。四是提升业务连续保障水平。健全 IT 运维一体化管理和应急管理体系，搭建金融级云灾备平台，构建异地多活超融合数据中心，持续推动重要业务系统分布式架构改造，保障金融体系稳定运行。

科技治理更现代。一是在数字化监管方面。加强监管科技应用，搭建多层次、系统化的数字化监管体系，实现监管规则形式化处理、数字化转译和程序化服务，提升监管专业性、统一性和穿透性。二是在金融标准化方面。优化全国金融标准化工作机制，统筹金融行业标准归口管理，积极将金融国家标准、行业标准纳入法律和政策体系，大力发展金融团体标准、企业标准，增强金融业标准的权威性、约束力和规范引领作用。同时，推动全球法人识别编码、唯一产品识别编码、唯一交易识别编码、关键数据要素等国际标准在中国全面应用实施，丰富金融产品与服务标准供给，构建与农村金融、绿色金融、数字金融等未来金融发展趋势相适应的标准体系。三是在新技术应用风险管理方面。坚持技术中性原则，全面推广国家统一推行的金融科技认证机制，加强新技术金融应用评估与备案管理，防范因科技产品缺陷引发的风险向金融领域传导。四是在人才队伍方面。建立健全与金融市场相适应、有利于吸引和留住人才、激励和发展人才的薪酬和考核制度，激发人才创新创造活力，造就既懂金融又懂科技的新型复合型人才队伍。

延伸阅读

1. 习近平：《防范金融风险，推动金融业高质量发展》,《论把握新发展阶段、贯彻新发展理念、构建新发展格局》,中央文献出版社 2021 年版。

2. 习近平:《促进经济和金融良性循环、健康发展》,《习近平谈治国理政》第二卷,外文出版社 2017年版。

3.《党的十九届五中全会〈建议〉学习辅导百问》,党建读物出版社、学习出版社 2020 年版。

第八讲
推进现代流通体系建设

习近平总书记指出，构建新发展格局，必须把建设现代流通体系作为一项重要战略任务来抓。我们要进一步统一思想，提高站位，深刻领会现代流通体系在国民经济循环中的基础性、先导性和战略性作用，着重围绕"六个提升""两个健全"，加快推进现代流通体系建设，为构建新发展格局提供有力支撑。

一、准确把握现代流通体系建设对于构建新发展格局的重要意义

建设现代流通体系，就是要发挥流通基础性作用，确保国民经济循环畅通高效。流通衔接生产、分配、消费，是国民经济循环的关键环节，高效、协同、通畅的现代流通体系，是国民经济顺畅运行的根本保障。党的十八大以来，我国流通体系建设取得明显进展，流通规模不断扩大，对国内生产总值和税收的贡献均仅次于制造业，吸纳就业人口近3成，在国民经济运行中的基础性作用日益凸显。

在社会再生产过程中，流通效率与生产效率同等重要。当前，我国发展阶段、发展环境、发展条件正发生深刻变化，企业规模小、营销网络散、现代化水平低等问题依然突出，还存在不少堵点、痛点、难点亟须破解。加快构建新发展格局，特别是畅通国内大循环，实现国民经济各个环节的有序衔接，迫切需要建设畅通高效的现代流通体系。建设现代流通体系，就是要落实党中央决策部署，从"大流通"的视角，瞄准主攻方向，解决行业面临的紧迫性问题，加快完善全国统一大市场，推进数字化、智能化改造和跨界融合，建立市场化、法治化、国际化营商环境，打通堵点、连接断点，强化弱项、补齐短板，让流通更加高效顺畅。

建设现代流通体系，就是要发挥流通先导性作用，引领消费和产业双升级。流通是建立在交易基础之上，直接引起或派生的商流、物流、资金流、信息流的总和，是形成价格信号的前提和实现供求匹配的基础。在这一过程中，市场中的供求信息、价格信号等，会通过流通活动充分反映出来。有效的流通活动，不仅能够引导产业结构调整和技术进步，还能够引领消费模式转变和消费结构升级。建设现代流通体系，就是要更好地发挥流通发现需求、引导生产的作用，切实提高供需适配性。特别是在现阶段，大数据、云计算、人工智能、物联网、移动互联网等迅速渗透到经济生活的方方面面，各行各业都在酝酿重大变革，流通作为创新发展最活跃的领域之一，要加大新一代信息技术应用，加快流通新业态新模式发展，不断提高流通组织化、数字化程度，更好发挥流通的价格发现、信息传导作用，更加主动引领消费和产业升级，加快推动"中国制造"向"中国创造"跃升，更好满足人民群众日益增长的美好生活需要。

建设现代流通体系，就是要发挥流通战略性作用，为保障改善民生、联通国内国际提供坚强后盾。在国内，流通承担保障居民生活必需品供应的重要职责，人民群众的"米袋子""菜篮子""果盘子"等都离不开流通。特别是在抗震救灾、雨雪冰冻、防汛抗旱、新冠肺炎疫情等突发应急事件中，确保了生活必需品等物资供应总体充足、价格平稳，让人民群众有了更多获得感、幸福感、安全感。在国际上，随着产业分工的不断深化，国与国之间经济的融合从来没有像今天这样紧密，全球经济已经是"你中有我、我中有你"。然而，我们应该清醒地认识到，当今国际政治经济格局复杂多变，新一轮科技革命、产业革命深入发展，经济全球化遭遇逆流，全球产业链供应链正在面临更加严峻的考验。建设现代流通体系，就是要建立完善央地协同、政企联动、快速反应、协调有力的应急协调机制，丰富信息引导、企业采购、跨区域调运、储备投放、进口组织、限量供应、依法征用等调控手段，进一步加强市场调控与应急保供，为人民群众基本生活需要提供保障。与此同时，立足我国超大规模市场优势，在国家战略、产业发展层面，培育一批具有较强全球资源配置能力的龙头企业，与"一带一路"沿线国家流通基础设施互联互通，打通重要资源运输通道，联通国内国际两个市场、两种资源，整合全球资源"为我所用"。

二、着力提升流通体系现代化水平

国内循环和国际循环都离不开高效的现代流通体系。要以深化供给侧结构性改革为主线，以改革创新为根本动力，以满足人民日益增长的美好生活需要为根本目的，坚持目标导向、问题导向、结果导向，坚持硬件建设与软件提升统筹推进，坚持补短板与强优势紧密结合，加快建设网络健全、设施完备、主体多元、方式多样、畅通高效、开放包容的现代流通体系，努力构建以国内大循环为主体、国内国际双循环相互促进的新发展格局。

（一）提升流通网络布局

建设现代流通体系，科学布局是前提。随着流通行业快速发展，我国流通网络日益完备，流通效率明显提高，成本进一步下降，但发展不平衡、不充分的问题依然突出，全国骨干流通网络有待健全，与大生产、大市场、大消费适配度不高。提升流通网络布局，就是要进一步优化流通网络空间布局和结构，打通流通链条堵点，畅通国民经济大动脉。

一是要构建全国统一大市场。全国统一的大市场，有利于发挥市场配置资源的决定性作用，推进商品和要素高效配置。要推动实施全国统一的市场准入负面清单制度，消除歧视性、隐蔽性的区域市场准入限制，建设形态丰富、功能强大、线上线下融合、期货现货联动的多层级高水平市场体系，破除商品要素流通壁垒。

二是要优化骨干流通网络。连接东西、贯穿南北、辐射内外、高效畅通的全国骨干流通网络，是提升流通效率的基础。要与产业规划、区域布局、交通规划和国土空间规划紧密衔接，布局建设一批国家物流枢纽和商品集散中心，推进运输结构调整，大力发展多式联运，畅通国家干线运输通道，推进枢纽通道网络与商品集散网络有效对接，促进物流"跑得更快""跑得更省""跑得更好"，加速生产、分配、流通、消费循环。

三是要推动区域协调发展。发挥区域比较优势，促进协调发展，是促进高质量发展的新动力源。要落实区域发展重大战略，推进京津冀、长三角、粤港澳大湾区、长江经济带等区域合作，探索建立规划体系共建、创新模式共推、市场监管共治、流通设施互联、市场信息互通、信用体系互认的工作机制，促进区域市场一体化发展，形成优势互补、良性互动的局面。

四是要完善城乡配送体系。打通城乡物流配送"最后一公里"，是推动流通降本增效的重要任务。要加快构建以综合物流园区、专业配送中心、末端配送网点为支撑的城市配送网络，优化城市配送车辆通行管理，完善县乡村三级物流配送网络，推进快递下乡进村，促进配送资源共建共享、统仓共配，建立高效集约、协同共享、融合开放、绿色环保的城乡高效配送体系，优化工业品下乡、农产品进城双向通道。

电子商务助力农产品进城

（二）提升流通基础设施

建设现代流通体系，流通设施是基础。经过长期持续建设，我国流通设施建设不断完善，面向不同层次需求的多层级商业网点布局初步形成，但城市商业发展不够均衡、农村流通设施建设滞后、电子商务新型基础设施发展不充分等问题依然存在，公益性流通设施建设存在短板。提升流通基础设施，就是要发挥政府在城乡商业网点规划建设中的引导作用，将商业网点布局纳入相关规划，提升城市商业能级，补齐农村流通短板，打通城乡流通"微循环"。

一是要提升城市商业能级。目前，我国城镇消费占居民消费比重超过85%，是全面促进消费、促进形成强大国内市场的基本盘。要实施城市商业提升行动，以培育国际消费中心城市为牵引，以满足不同层次消费需求为导向，逐步完善多层级城市商业布局，更好满足城市居民品质化、多样化消费需求。重点打造城市一刻钟便民生活圈，形成多业态聚合的社区商圈，实现生活所需、步行获得。推进城市商业设施数字化改造，高质量推进步行街改造提升，发展智慧商圈、智慧商店，培育城市消费新载体。

[知识链接]

城市一刻钟便民生活圈

伴随社区商业发展而产生，以社区居民为服务对象，服务半径为步行15分钟左右范围内，以满足居民日常生活基本消费和品质消费为目标，配齐生活服务等基本保障类业态，完善休闲娱乐等品质提升类业态，提高社区居民生活便利化、标准化、智慧化、品质化水平。

二是要补齐农村流通短板。乡村消费市场是国内市场的重要组成部分，发展潜力巨大。要深入贯彻落实乡村振兴战略，实施县域商业建设行动，建立完善县域统筹、以县城为中心、乡镇为重点、村为基础的农村商业体系，促进县域商业发展，贴近村庄、服务农民。鼓励主体、渠道、供应链、物流、商品和服务等下沉农村市场，努力实现每个具备条件的县城都有连锁商超和物流配送中心，每个乡镇都有商贸中心，村村通快递，让农村居民"能买到、买好货、放心用"。

三是要加大公益性流通设施投入。"菜篮子、米袋子"在保民生、稳物价中占据着重要地位。要推动公益性农产品批发市场建设，发展农产品冷链物流，建立产销对接长效机制，促进农产品高效流通。有条件的地区可以采取投资建设、入股参股、公建配套等方式，加大公益性流通设施投入，持续增强民生保障能力。

（三）提升流通主体竞争力

建设现代流通体系，广大企业是主体。近年来，各类市场主体数量增长、活力增强，商品和服务的供给能力不断提升，但总体上看，我国目前流通体系组织化程度不高，产业集中度较低，国际竞争力不强。提升流通主体竞争力，就是要提高流通企业组织化程度、现代化水平，增强引领生产、促进消费、配置资源能力，使其成为畅通国内大循环的主力军。

一是要培育大型流通企业。大型流通企业的培育对推动流通业又好又快发展，融入全球发展大局至关重要。要建立健全重点流通企业联系制度，引导流通企业加大物联网、大数据、云计算、人工智能等新技术应用，在流通数字化、网络化和智能化方面实现跨越式发展。加强政策保障和智力支撑，推动企业创新发展、兼并重组，参与"一带一路"经贸合作，布局全球网络，统筹全球资源，提升产业集中度和国际竞争力。

二是要激发中小企业活力。中小企业是国民经济和社会发展的生力军，在稳增长、促改革、调结构、惠民生、防风险中发挥着重要作用。要深化"放管服"改革，简化证照办理流程和手续，为中小企业营造更加宽松的营商环境。落实好小规模纳税人增值税政策优惠、小微企业贷款延期还本付息等支持政策，建立健全面向中小企业的公共服务体系，切实减轻企业负担，激发企业活力。

三是要推动协同创新。协同创新是发挥各自能力优势、整合互补资源、实现加速发展的有效途径。要推动大型流通企业和电子商务平台企业整合供应链上下游企业资源，推动连锁经营向多行业、多业态延伸，积极培育流通创新基地和国家电子商务示范基地，打造大中小企业协同发展的产业共赢生态圈。坚持分级分类监管原则，规范发展平台经济，有序发展共享经济，防范垄断和安全风险，提高协同创新发展能力。

（四）提升流通发展方式

建设现代流通体系，创新流通方式是有效手段。伴随着现代信息技术的广泛应用，电子商务与传统流通企业深度融合，流通新业态新模式发展迅速，流通发展方式更加多样，但数字化、标准化、品牌化、绿色化程度仍旧不高，难以满足多样化、品质化消费需求。提升流通发展方式，就是要顺应消费升级趋势，加大信息技术应用，推动流通网络化、数字化、标准化、品牌化、绿色化发展，增强可持续发展能力。

一是要大力发展电子商务。近年来，我国电子商务蓬勃发展，在流通领域的带动作用尤为突出。要充分发挥电子商务创新能力强、资源整合率高、新技术应用水平强的显著优势，着力推动流通领域线上线下深度融合，丰富线上生活服务新供给，满足线下生活服务新需求，培育高品质数字生活，更好助力传统流通企业数字化转型。

线上线下融合——直播带货

二是要推动数字化改造。数字化已成为传统产业转型升级的"催化剂"。流通领域数字化改造已经有了较好的基础,要促进实体企业创新转型,积极发展智慧商店、智慧街区、智慧商圈,打造数字化场景,实现智能化管理。要推动各类流通业态和互联网深度融合,创新商业模式与服务模式,实现跨界融合,提升商品和服务的供给能力及效率。

三是要提升标准化水平。流通标准化是提高流通效率、提升服务质量的基础和手段。要围绕流通领域行业术语、业态分类、流通设施、物流设备、服务规范等环节,完善流通领域标准体系。以点带面推进流通标准化,推动商贸流通提质增效和内外贸标准互联互通,建立政府引导、社会中介组织推动、骨干企业示范应用的流通标准实施应用机制,提升商品和服务标准化水平。

四是要聚力品牌战略实施。品牌象征着一个企业、一个地区、一个国家的软实力,是竞争力和发展潜力的重要体现。要积极打造品牌保护、品牌推介、品牌消费、信息服务的公共服务体系,畅通品牌商品流通渠道,推动品牌高质量发展。保护发展老字号,构建老字号保护、传承、创新、发展的长效机制,支持老字号做精做强,传承中华优秀传统文化。积极培育农产品品牌,推进农产品认证,开展形式多样的品牌推介推广,带动农村产业发展。

五是要推进绿色流通发展。绿色发展是当今世界主要的发展潮流,是新发展理念的重要方面,推动绿色流通是绿色发展的应有之义。要培育绿色流通主体,创建绿色商场,推动节能设施设备改造,推广绿色产品销售。推广绿色包装,严格落实《固体废物污染环境防治法》和国家禁塑限塑相关规定,推广使用布袋、纸袋等环保替代产品。提升再生资源回收行业网络化、规模化、信息化、绿色化水平，构建与垃圾分类相衔接的新型再生资源回收体系。以绿色流通引导绿色消费，以绿色供应链推动实现碳达峰、碳中和。

（五）提升供应链现代化水平

建设现代流通体系，现代化的供应链是重要支撑。近年来，传统流通企业向供应链综合服务商加速转型，但流通对接供需的功能发挥不充分，抗风险能力尚显不足。提升供应链现代化水平，就是要加快供应链创新与应用，推动流通创新与产业变革深度融合，促进上下游、产供销、供给需求有机衔接。

[知识链接]

供应链创新与应用示范创建

围绕增强创新能力、推动协同发展、推进绿色发展、提高开放水平、促进安全稳定等重点领域和关键环节，培育示范城市和示范企业，充分发挥示范引领作用，更加全面地完善现代供应链体系，提升我国产业链供应链现代化水平。

一是要提高农产品供应链组织化程度。当前，我国农业生产经营较为分散，农产品供应链组织化、商品化程度低等难题亟待破解。要积极发展种养加、产供销、内外贸一体化的现代农业，强化产销对接，发展农村电子商务，实现农产品线上线下"立体营销"，精准破解农产品"滞销卖难"问题。推动农产品进口来源多元化，促进我国优质特色农产品出口，稳定国际产业链供应链。

二是要促进制造业供应链协同化发展。连接比拥有更重要，协同比分享更有价值，开放互联、连接共生是产业未来发展方向。要加快推动制造企业完善全链条供应链体系，推动上下游企业实现协同采购、协同制造、协同物流，快速响应客户需求，降低生产经营和交易成本。鼓励大型流通企业和电子商务龙头企业向供应链上下游拓展业务，打造供应链协同发展平台，提升制造产业价值链。

三是要提高供应链运行效率。提升供应链效率直接关乎企业盈利和整体竞争力。要深化供应链创新与应用，构建采购、分销、仓储、配送供应链协同平台，打造供应链一体化生态。培育和引导现代流通企业向供应链综合服务商转型发展，打造供应链综合服务平台。推动区块链等前沿技术在供应链全领域应用，提高供应链智慧化水平。

四是要提高供应链安全韧性。增强韧性是保持产业链供应链稳定的关键，是我国产业安全的根本保证。要进一步健全风险预警体系，鼓励企业建立重要资源和产品的全球供应链风险预警系统，加强风险监测、防控应对能力建设，切实增强链条安全性和竞争力。

五是要规范发展供应链金融。供应链金融既能有效解决中小企业融资难题，又能延伸银行的纵深服务，是企业融资新渠道，但也存在一定风险。要鼓励银行等金融机构加强与供应链核心企业或平台企业合作，加强对供应链金融的风险防控，确保资金流向实体经济。丰富供应链金融产品，健全供应链金融担保、抵押、质押机制，鼓励依托人民银行征信中心建设的动产融资统一登记系统开展应收账款及其他动产融资质押和转让登记，防止重复质押和空单质押，推动供应链金融健康稳定发展。

（六）提升内外贸一体化程度

建设现代流通体系，实现内外贸一体化是必然要求。经过长期实践探索，流通领域对外开放水平不断提高，内外贸一体化取得长足进步，但内外贸一体化调控体系还不够完善，国内国际市场联动机制尚需优化，统筹利用"两个市场""两种资源"的能力还有待提升。提升内外贸一体化程度，就是要打破内外流通融合堵点，构建国内国外市场通路，为畅通双循环提供着力点。

一是要完善内外贸一体化调控体系。一体化的调控体系是降低企业合规经营成本、优化营商环境、破解内外贸一体化制度性障碍的必由之路。要促进内外贸法律法规、监管体制、经营资质、质量标准、检验检疫、认证认可等衔接，对接国际高水平经贸规则，消除国内国际两个市场"内外有别""外优于内"的传统惯性，实现国内国际经贸规则有效衔接，推动商品和服务在国内国际两个市场间畅通循环。

二是要构建国内外贸易流通大通道。加速建设国际贸易大通道，有助于扩大开放，进一步融入世界经济贸易体系。要加密国际海运航线，补足国际航空货运网络短板，优化中欧班列等国际铁路运输组织，推动贸易企业和物流企业加强业务协同和资源整合，共建共用海外仓、物流中心等基础设施，推动跨境公路运输发展，加快构建多元化国际物流干线通道，提升区域合作水平，通过建设大通道、打造大平台、促进大开放，共建对外开放新格局。

三是要搭建内外贸融合发展平台。有效的平台能提供安全保障、实现资源共享，帮助企业提高经营效率、拓展国内外市场。要发挥自贸试验区、海南自贸港等开放平台作用，持续推进对外投资和吸引外资便利化改革，鼓励龙头企业开展境外港口、海外仓、分销网络建设合作，鼓励流通企业运用电子商务等手段开拓国际市场，加强境内外流通网络融合互动。更好发挥进博会、广交会、服贸会、消博会等重要展会平台作用，支持各国企业拓展中国商机。提高市场采购贸易方式试点便利化水平，培育一批内外贸结合、经营模式与国际接轨的商品交易市场。

[知识链接]

市场采购贸易方式

境内外企业、个人在经国家相关部门认定的市场集聚区采购商品后报关出口的贸易方式，是适应商品市场国际化发展需要建立的一种贸易方式。

四是要探索内外贸融合发展模式。创新内外贸融合模式有利于促进国内市场更好更快地与国际市场接轨，进一步提高我国经济的国际竞争力。要推进内外贸产品"同线同标同质"，降低内外销转型成本，更好满足国内市场消费升级需求。充分利用现代信息技术，创新流通组织方式，发展 C2M（反向定制）、智能工厂等新业态新模式，推进内外贸数字一体化。发展跨境电商，发展中国特色免税业，引导境外消费回流。

五是要健全国际流通网络。健全的国际流通网络对维护我国贸易安全、维护产业链供应链安全稳定，具有重要意义。要优化国际市场布局、加强外贸发展与区域重大战略、区域协调发展战略对接，加快贸易通道建设，构建与对外贸易规模相适应的国际物流体系。发挥中欧班列枢纽节点作用，拓展进出口货源。加快建设国际陆海贸易新通道，支持建设"一带一路"进出口商品集散中心。支持流通企业"走出去"，加快境外分销网络建设，提高商品跨境流通效率。鼓励传统外贸企业、跨境电商企业和物流企业等各类主体积极参与海外仓建设，引导海外仓优化布局、丰富功能、升级发展。加强渠道对接，引导国内行业协会、自愿连锁组织与国际采购联盟对接，打通国内营销和全球采购体系。

三、着力提高流通治理能力

"看不见的手"和"看得见的手"，是对市场作用和政府作用的形象比喻，在强调市场对资源配置的决定性作用的同时，还必须强调优化政府职能，更好地发挥政府作用，做到政府有为、市场有效。当前，我国流通体系中很多堵点和痛点，是由于市场在资源配置方面固有的缺陷导致的，亟待发挥政府"看得见的手"的作用，运用各种政策手段综合调控，确保现代流通体系竞争有序、安全可控，为构建新发展格局提供有力支撑。

（一）进一步健全现代流通治理体系

凡治国，必先定其制。健全现代流通治理体系，就是要在需要政府引导的领域，加强顶层设计和制度安排，使流通治理体系日趋系统完备和不断科学规范。

一是要完善流通监测预警体系。流通产业涵盖面广，行业发展变化快，现行统计调查制度在覆盖面、数据更新频率等方面都难以满足发展需要。要健全电子商务、服务消费等统计调查制度，推进部门间数据共享和信息开放，建立政府与社会紧密互动的大数据采集机制，夯实流通统计监测基础，打造实时高效的综合数据平台。充分挖掘数据资源价值，加强趋势分析研判、预测预警，引导各类市场主体有序发展。

二是要加强市场调控与应急保供。流通产业肩负着满足人民群众基本生活需要的重任，新冠肺炎疫情凸显了流通对整个国家经济安全稳定运行的重要性。要完善中央与地方重要商品储备制度，优化储备品种和区域结构，适当扩大生活必需品储备规模，增强平抑市场异常波动能力。完善跨区域联保联供机制，增加应急商品品种，合理规划设置应急商品集散地和投放网点。运用信息引导、区域调剂、收储投放、进出口等调控手段，统筹市场资源，维护重要商品市场供求基本平衡。

应急保供——广西驰援湖北果蔬专列

三是要优化流通监管体系。监管体系是规范市场行为的重要保障。要利用大数据优化市场监管，提高对行业风险的发现识别能力，实现线上线下一体化监管。坚持包容审慎监管，严守法律法规和安全底线，打造宽容的法治营商环境。建设全国统一的重要商品追溯体系，构建覆盖生产、流通、消费全链条的可视化追溯系统，真正实现来源可追、去向可查、责任可究。

四是要加快流通信用体系建设。信用体系的建立和完善是我国社会主义市场经济不断走向成熟的重要标志之一。要进一步加大诚信兴商宣传力度，讲好新时代诚信故事，不断提高市场主体诚信意识。全面建立市场主体信用记录，加强信用信息互联互通，推动在行政管理和市场活动中广泛使用信用信息和信用报告。探索建立信用承诺制度，积极发展信用服务市场。

五是要强化现代流通金融支撑。金融支撑是产业发展的组成部分和重要保障，也是推进经济转型发展的强力支撑和强大后盾。要完善流通金融支付体系，强化支付清算系统建设，健全非现金支付框架，降低刷卡手续费，引导平台企业适当降低商户服务费和支付手续费，进一步提升支付便捷性。加强流通领域金融保障，鼓励金融机构在依法合规、风险可控的前提下加大支持力度，根据商业特点创新金融产品。落实好小微企业贷款延期还本付息政策。

（二）进一步健全现代流通管理体制

管理体制是形成工作合力、抓好贯彻落实的重要保障。健全现代流通管理体制，就是要通过优化职责分工、明确权责边界、促进行业自治等方面为现代流通体系建设提供制度保障。

一是要完善部门协作机制。建立各部门分工负责，适应大流通、大市场发展的工作机制，围绕政策制定、执行监督等工作定期开展沟通交流，提高运行效率和管理效能。明确职责分工，建立健全流通领域行政管理权力清单、部门责任清单制度，公开涉及流通领域行政管理和资金支持事项，推动行业管理效能提升。

二是要明晰央地事权划分。发挥中央部门统筹协调指导作用，完善全国性法律法规、战略规划和政策标准，重点投入涉及国家战略和经济安全、全国性的流通设施，加强对地方贯彻执行成效的督导检查。强化地方政府行政管理职责，研究制定具有地区特色的规划、政策和标准，着力加强本地市场秩序、信用建设、公共服务、应急保供等职责，加大本地民生保障和公共服务设施投入。

三是要发挥社会力量作用。引导行业组织提升服务和管理水平，在加强行业自律、服务行业发展、维护行业利益、反映行业诉求等方面建立与政府的合作关系。加快形成高校、科研院所与部门、行业企业联合培养人才的机制，积极开展专业教育与培训，为现代流通体系建设培养高素质人才。促进各类社会主体加强流通基础理论研究，支持高校、科研机构加强流通基础学科建设，加强理论探索和实际问题研究，助力建立具有中国特色的流通理论体系。

延伸阅读

1.《中共中央国务院关于新时代加快完善社会主义市场经济体制的意见》，2020年5月11日。

2. 全国干部培训教材编审指导委员会组织编写：《建设现代化经济体系》，人民出版社、党建读物出版社2019年版。

第九讲
优化国土空间布局

习近平总书记指出，国土是生态文明建设的空间载体。从大的方面统筹谋划、搞好顶层设计，首先要把国土空间开发格局设计好。要站在人与自然和谐共生的高度来谋划经济社会发展，坚持节约资源和保护环境的基本国策，坚持节约优先、保护优先、自然恢复为主的方针，形成节约资源和保护环境的空间格局、产业结构、生产方式、生活方式。构建新发展格局，就是要优化国土空间布局，形成主体功能明显、优势互补、高质量发展的国土空间开发保护新格局，建设人与自然和谐共生的现代化。

一、构建新发展格局的空间要求

构建新发展格局，形成更高水平动态平衡的国内市场，实行更高水平的对外开放，必须加快建设安全绿色、开放协调、和谐宜居、富有竞争力的国土，加大双向开放、内联外通、促进各类要素循环流动的空间供给，确保粮食、能源、重要资源安全，为构建新发展格局提供空间支撑和保障，实现更高质量、更有效率、更加公平、更可持续、更为安全的发展。

（一）进一步优化国土空间开发格局

我国经济发展的空间结构正在发生深刻变化，中心城市和城市群正在成为承载发展要素的主要空间形式。改革开放以来，沿海中心城市和城市群成为主要的增长极，形成了点轴特征明显的国土空间开发格局，但部分区域参与全球产业链分工不足，东北、中西部地区发展相对滞后。畅通国内大循环，有利于在国内构建相对独立完整的产业链、创新链和价值链，形成更多的增长点、增长极，在不同区域和尺度上培育壮大一批重点城市，区域之间的联系将更加紧密、职能分工更加明确，城乡空间结构将发生重大变化。充分利用国内国际两个市场、两种资源，共建"一带一路"，实施更大范围、更广领域、更深层次对外开放，将进一步提升国土空间的开放性，重要中心城市将成为全球经济大循环的主要动力源，城市群、都市圈、城镇圈甚至镇村体系网络将互联互通。双向开放、内联外通的新发展格局下，国土空间开发格局将呈现出多中心、网络化、开放式的特征。

（二）进一步增强国土空间安全

产业链供应链安全稳定是构建新发展格局的基础。我国自然地理国情复杂，水、土地、矿产等资源总量丰富，但人均资源少，区域差异大，生态环境相对脆弱，部分基础性战略性资源对外依存度高。全球气候变化和复杂的地缘政治进一步加剧了资源环境不稳定不安全不确定性风险。在全球新的政治经济环境和新冠肺炎疫情影响下，必须以内循环为主，把发展的立足点放在国内。必须进一步强化忧患意识，立足资源环境承载能力，统筹好发展和安全，实现遵循自然规律的可持续发展。要将国土安全放在首位，严格保护水资源安全、粮食安全、生态安全和能源资源安全，优化资源要素配置，确保产业链供应链稳定安全，为国内国际双循环夯实安全根基，提升我国应对各类风险的能力。

（三）进一步提高国土空间节约集约利用水平

习近平总书记指出，要提升国内大循环效率和水平，改善我国生产要素质量和配置水平。构建新发展格局，关键在于经济循环的畅通无阻，提升生产要素市场化配置效率，推动经济社会发展建立在资源高效利用和绿色低碳发展的基础上。土地是十分重要且稀缺的生产要素。我国人多地少，传统粗放式、外延扩张式发展已难以为继，必须加快土地要素供给侧结构性改革步伐，促进经济发展质量变革、效率变革、动力变革，探索生态优先、绿色发展为导向的高质量发展新路子。要处理好开源和节流、存量和增量、时间和空间的关系，提高土地等资源要素配置效率和节约集约利用水平。发挥比较优势，引导各地按照主体功能区定位差异化协调发展，形成优势互补、高质量发展的区域经济布局。坚持最严格的节约用地制度，严控城乡建设用地新增规模，促进城镇空间紧凑布局，推动空间复合利用。积极发挥"流量"空间作用，通过完善综合立体交通和新型基础设施网络，提高人流、物流、信息流配置效率；通过国土综合整治、城市有机更新、存量用地盘活和低效用地再开发，提升国土空间活力和资源配置效率。

（四）进一步提升国土空间品质

形成强大国内市场是构建新发展格局的重要支撑，要把扩大消费同改善人民生活品质结合起来。构建新发展格局，全面促进消费，拓展投资空间，将扩大中等收入群体，推进共同富裕，满足人民日益增长的美好生活需要，促使国土空间功能品质提档升级。同时，人口老龄化少子化、休闲时间增加等趋势促进居民消费多样化，后疫情时代需要在生活圈内提供丰富多样的公共服务，对国土空间品质提出了更高的要求。必须坚持以人民为中心，补齐欠发达地区特别是农村地区的基础设施短板，优化公共服务资源空间布局，建设城乡各级社区生活圈，营造富有中国文化特色的城乡人居环境，提高生产、生活空间的适宜程度。

（五）进一步提升国土空间治理能力

要构建以空间治理和空间结构优化为主要内容，全国统一、相互衔接、分级管理的空间规划体系。我国幅员辽阔、人口众多，各地区自然资源禀赋差别之大世界少有，统筹区域发展从来都是重大问题。构建国内国际双循环，必须树立系统思维和全局观，做到全国一盘棋，促进资源禀赋差异巨大的区域间协调发展，对完善空间治理提出了新的更高的要求。将主体功能区规划、土地利用规划、城乡规划等空间规划融合为统一的国土空间规划，实现"多规合一"，是党中央加强生态文明建设、完善现代化治理体系的重大决策部署。必须加快建立国土空间规划体系并监督实施，深化主体功能区战略和制度，优化资源配置，完善政策机制，加强全域全要素国土空间用途管制，建设智慧社会，提升空间治理能力，为加快构建新发展格局提供有效支撑。

二、推动形成主体功能明显、优势互补、高质量发展的国土空间开发保护新格局

习近平总书记强调，要按照人口资源环境相均衡、经济社会生态效益相统一的原则，整体谋划国土空间开发，统筹人口分布、经济布局、国土利用、生态环境保护，科学布局生产空间、生活空间、生态空间。党的十九届五中全会提出，立足资源环境承载能力，发挥各地比较优势，优化国土空间布局，推进区域协调发展和新型城镇化。坚持实施区域重大战略、区域协调发展战略、主体功能区战略，健全区域协调发展体制机制，完善新型城镇化战略，构建高质量发展的国土空间布局和支撑体系。构建新发展格局，必须加快优化国土空间开发格局，夯实国土空间安全底线，提升国土空间功能品质，形成主体功能明显、优势互补、高质量发展的国土空间开发保护新格局。

（一）加快形成多中心网络化开放式集约型国土空间开发格局，提升国家综合竞争力

一是构建以城市群、都市圈为主体的高质量发展动力系统。习近平总书记指出，加快构建高质量发展的动力系统，增强中心城市和城市群等经济发展优势区域的经济和人口承载能力。构建双向开放的新发展格局，必须发挥好城市群、都市圈特别是重要中心城市的关键引擎和战略链接作用，构建以城市群和都市圈为主体形态、连接东中西贯通南北方的多中心、网络化、开放式、集约型国土空间开发格局。在"两横三纵"城镇化战略格局基础上，以城市群、

都市圈和中心城市为主要载体融入全球城市网络。重点建设长三角、京津冀、粤港澳大湾区、成渝等世界级城市群，以上海等中心城市为引领重点建设一批现代化都市圈，提升其国际门户功能、科技创新功能、文化服务功能、商务商贸功能，提高基础设施和公共服务设施水平，成为支撑新发展格局的重要增长极。建设国家边疆中心城市、边境口岸城镇，培育具有国际功能的中小城市，成为链接全球经济网络的重要节点，实现"边疆变前沿"。把县城作为城镇化建设的重要载体，引导人口和经济在县城集中集聚，使县域成为共同繁荣的城乡融合空间，培育和增强新发展格局的内生动力。

二是畅通双向开放、陆海统筹的通道网络，前瞻性布局现代化基础设施网络。习近平总书记指出，要着眼国家长远发展，加强战略性、网络型基础设施建设。围绕增强全球资源配置能力，服务构建新发展格局，加快建设陆海联动、双向开放的综合立体通道网络，进一步压缩时空距离，提高人流、物流、信息流的配置效率。向外，在"两横三纵"骨干交通网基础上，推动向西向海向东北方向进一步开放，形成全方位开放式网络化交通体系，形成联结东西、贯通南北、与周边国家和地区紧密相连的网络化交通走廊。向内，构建以联通京津冀、长三角、粤港澳大湾区、成渝等主要城市群为主轴，以区域航空枢纽和高铁枢纽为骨架，以城市群、都市圈区域一体化交通系统为补充的综合立体交通网络，提高农村和边境地区通达度。构建系统完备、高效实用、智能绿色、安全可靠的现代化基础设施体系。优先保障第五代移动通信、物联网、工业互联网、大数据中心、云计算等新型基础设施建设空间，适度超前布局现代化国家空间基准、海洋观（监）测和海上通信网络等基础设施，加快城市基础设施智能化升级，加强乡村信息基础设施建设，促进智慧城市和数字乡村建设。

三是完善和落实主体功能区战略，推动区域协调发展。习近平总书记强调，把构建新发展格局同实施国家区域协调发展战略等衔接起来。要深刻理解实施区域协调发展战略的要义，各地区要根据主体功能区定位，完整准确落实区域协调发展战略。统筹实施区域重大战略、区域协调发展战略、主体功能区战略，支撑双循环新发展格局，以城市群、都市圈和中心城市为基础，在东部、中部、西部、东北各大板块，京津冀、粤港澳大湾区、长三角、成渝等优势区域，打造一批创新型区域发展综合体。在跨行政区的区域尺度上，立足资源环境承载能力，发挥各地区比较优势，促进各类要素合理流动和高效集聚，不同主体功能区域差别化协同发展，形成大中小城市协调互动，城乡充分融合发展，生态农业城镇空间合理布局，打造参与国际竞争的一体化综合地域单元，塑造区域协调发展新格局。

[知识链接]

长三角生态绿色一体化发展示范区

习近平总书记指出，支持长江三角洲区域一体化发展并上升为国家战略，着力落实新发展理念，构建现代化经济体系，推进更高起点的深化改革和更高层次的对外开放。要树立"一体化"意识和"一盘棋"思想，深入推进重点领域一体化建设。

坚持生态优先、绿色发展，率先探索跨行政区高质量一体化发展路径，建设长三角生态绿色一体化发展示范区。在空间发展动力方面，强调动能转换、协同共进，转变增量规模扩张的传统发展模式，通过资源利用方式转变倒逼发展方式转型。在空间组织模式方面，强调多中心、网络化、融合式，不搞集中成片、大规模、高强度开发建设，推动存量用地布局优化、结构调整和内涵提升。在空间治理方式上，强调共建共享、共担共赢，打破行政区划藩篱和制度约束，着力加强协同创新产业体系，着力提升基础设施互联互通水平，着力加快公共服务便利共享，努力提升配置全球资源能力和增强创新策源能力，建成我国发展强劲活跃增长极、生态优势转化新标杆、绿色创新发展新高地、一体化制度创新试验田、人与自然和谐宜居新典范。

（二）严守国土空间安全底线，倒逼经济社会发展全面绿色转型

习近平总书记强调，要探索以生态优先、绿色发展为导向的高质量发展新路子。坚持底线思维，以国土空间规划为依据，把城镇、农业、生态空间和生态保护红线、永久基本农田保护红线、城镇开发边界作为调整经济结构、规划产业发展、推进城镇化不可逾越的红线。安全是发展的前提，发展是安全的保障，只有统筹好发展和安全，才能支撑国家安全永续高质量发展。支撑新发展格局，必须确保水资源安全、粮食安全、生态安全、能源资源安全和历史文化

[知识链接]

三区三线

"三区三线"：指生态空间、农业空间、城镇空间三种类型的空间，以及生态保护红线、永久基本农田、城镇开发边界三条控制线。"三区三线"在国土空间规划中统筹划定落实，作为调整经济结构、规划产业发展、推进城镇化不可逾越的红线。

生态空间：具有自然属性、以提供生态服务或生态产品为主体功能的国土空间，包括森林、草原、湿地、河流、湖泊、滩涂、荒地、荒漠等。

农业空间：以农业生产和农村居民生活为主体功能，承担农产品生产和农村生活功能的国土空间，主要包括永久基本农田、一般农田等农业生产用地，以及村庄等农村生活用地。

城镇空间：以城镇居民生产生活为主体功能的国土空间，包括城市、建制镇建设空间，以及各类开发区（园区）建设空间。

生态保护红线：在生态空间范围内具有特殊重要生态功能、必须强制性严格保护的区域，是保障和维护国家生态安全的底线和生命线，通常包括具有重要水源涵养、生物多样性维护、水土保持、防风固沙、海岸生态稳定等功能的生态功能重要区域，以及水土流失、土地沙化、石漠化等生态环境敏感脆弱区域。

> 永久基本农田：为保障国家粮食安全和重要农产品供给，实施永久特殊保护的耕地。
>
> 在一定时期内因城镇发展需要，可以集中进行城镇开发建设，以城镇功能为主的区域边界，涉及城市、建制镇以及各类开发区（园区）等。

遗产安全。

一是要构建水资源平衡和安全保障网络，切实保障水资源安全。要建立水资源刚性约束制度。根据水资源承载能力优化城市空间布局、产业结构、人口规模。受气候变化影响，我国水资源时空分布不均形势加剧，水资源保障压力持续加大。必须立足流域整体和水资源空间均衡配置，以应对气候变化带来的冰川退缩和解决水资源时空分布不均为切入点，系统采取涵养、储备、引调水、滞涝等措施，加快构建国家水网主骨架和大动脉，提高水资源安全保障能力。严格保护水源涵养区，加快恢复重要流域水生态，加强水资源战略储备。实施深度节水控水行动，提高水资源节约集约利用水平。坚持以水定城、以水定地、以水定人、以水定产，倒逼产业结构调整。加强水利设施建设，提升水资源优化配置和水旱灾害防御能力。

二是实施耕地数量、质量、生态"三位一体"保护，严守耕地保护红线。要坚持最严格耕地保护制度。牢牢守住18亿亩耕地红线，坚决遏制耕地"非农化"、防止"非粮化"。保障粮食安全，首要是保护好耕地，要将真正用于粮食生产的优质耕地作为永久基本农田严格保护，规范耕地占补平衡，确保可以长期稳定利用的耕地总量不再减少。优先保护城市群内部、城市周边优质耕地，建设都市农业保障区，防止城市无序蔓延。落实"米袋子"省长负责制，稳定南方省份粮食自给能力，减少长距离运输成本，提高对城市群、都市圈的就近保障水平。因地制宜，优先对25度以上坡耕地、严重石漠化耕地、农牧交错带林区草原范围内耕地等逐步实施生态退耕。

三是科学划定生态保护红线，严守自然生态安全边界。生态是我们的宝贵资源和财富。要强化国土空间规划和用途管控，划定并严守生态保护红线。从生态系统完整性、流域海域系统性、支撑国家区域重大战略等角度出发，构建国土生态安全格局。以国家重要生态安全屏障和区域为骨架，布局以国家公园为主体的自然保护地体系，建设面向全球的生物多样性保护网络。将自然保护地、自然保护地外生态功能极重要生态极脆弱区域，以及具有潜在重要生态价值区域划入生态保护红线，实现一条红线管控重要生态空间。加强生态系统保护修复，以流域为单元开展生态保护修复，实施大江大河干流和主要支流、山水林田湖草沙系统治理，切实维护国家生态安全。

[知识链接]

青海省以生态保护红线筑牢生态安全格局

青海省是长江、黄河、澜沧江等大江大河的发源地，被誉为"江河源头""中华水塔"，是全国乃至亚洲水生态安全命脉腹地，是最具全球意义的生物多样性关键地区，对于维护国家生态安全格局，筑牢国家生态安全屏障具有无可替代的地位。

青海通过生态保护红线划定，筑牢了生态安全格局，构建了以三江源草原草甸湿地生态屏障、祁连山冰川与水源涵养生态带为主体，青海湖草原湿地生态功能区、柴达木荒漠湿地生态功能区、东部丘陵生物多样性维护功能区为重要组成部分的"一屏一带三区"的生态安全格局，提高了国家公园空间完整性和连通性。提升了水源涵养功能，全省83.74%的水源涵养极重要区划入红线，进一步巩固"中华水塔"作用和地位，确保"一江清水向东流"。有效维护了生物多样性，全省90.40%的生物多样性维护功能区划入红线，有效保护了最大的高原种质库。

四是要优化能源资源配置，确保战略性矿产资源安全。要确保能源、重要资源供给安全，确保产业链供应链稳定安全。支持节能低碳产业和新能源、可再生能源发展，确保国家能源安全。强化国土空间规划基础性约束性作用，整体布局国家清洁能源开发空间，逐步降低化石能源比重，为改善能源结构，实现碳达峰、碳中和目标提供空间保障。充分挖掘太阳能、地热能等绿色能源潜力，构建城市内部分布式绿色能源体系。就近建设国家战略石油储备基地，构建内外畅通的能源运输网络与通道。布局一批能源资源基地、国家规划矿区和储备矿产地，划定战略性矿产资源安全保障区，稳定国家能源资源供给。

五是加强历史文化保护，传承自然与历史文化遗产。要结合国土空间规划，坚持保护第一、传承优先，对各类文物本体及环境实施严格保护和管控，合理保存传统文化生态。结合国土空间规划，统筹划定包括文物保护单位保护范围和建设控制地带、水下文物保护区、地下文物埋藏区、城市紫线等在内的历史文化保护线，促进历史文化遗产活化利用。通过构建国家自然遗产与文化遗产保护体系，加强历史文化名城、名镇、名村保护，将历史文化、山水文化和城乡发展相融合，保护好历史文化和城市风貌，塑造富有特色的城乡风貌，避免"千城一面、万楼一貌"。

（三）坚持以人民为中心，提升国土空间功能和品质

习近平总书记指示，要坚持以人民为中心，聚焦人民群众的需求，合理安排生产、生活、生态空间，走内涵式、集约型、绿色化的高质量发展路子，努力创造宜业、宜居、宜乐、宜游的良好环境，让人民有更多获得感，为人民创造更加幸福的美好生活。构建新发展格局，坚持扩大内需这个战略支点，要不断提高公共服务均衡化优质化水平，优化国土空间功能布局，提升国土空间品质，为人民群众提供高品质生产生活空间，塑造繁荣活力的城市、宁静舒适的小镇和诗意田园的乡村。

一是推动国土空间功能结构提档升级，打造高品质城镇生活圈。习近平总书记强调，要着力解决人民群众最关心最直接最现实的利益问题，不断提高公共服务均衡化、优质化水平。要让城市融入大自然，依托现有山水脉络等独特风光，让居民望得见山、看得见水、记得住乡愁。要围绕增强人民群众的获得感、幸福感、安全感来优化国土空间功能布局，补齐基础设施短板，提高公共服务设施水平和便利性，推进人、城、产、交通一体化发展，促进产城融合、职住平衡。通过完善城市蓝绿开敞空间系统，构建生态廊道和通风

廊道，连通城市内外自然空间，将自然山水融入城市；通过建设社区公园、口袋公园，为居民创造更多接触大自然的机会；通过打造1小时都市圈、半小时城镇圈、15分钟社区生活圈，营造宜居宜业宜游宜学宜养的高品质城乡生活圈，不断改善人居环境品质，将"美好生活"融入"美丽国土"。

[知识链接]

上海构建15分钟社区生活圈助推建设人民城市

2016年，上海市出台《15分钟社区生活圈规划导则（试行）》，按照步行15分钟可达的空间范围，完善教育、文化、医疗、养老、体育、休闲及就业创业等服务功能，提供全年龄段学习成长环境，建设老年友好型城市，打造全时段运营的城市，形成宜居、宜业、宜游、宜学、宜养的社区生活圈。

社区生活圈一般范围在3—5平方公里，常住人口约5万—10万人，设定人口密度在1万—3万人/平方公里，以500米步行范围为基准，划分包含一个或多个街坊的空间组团，配置满足市民日常基本保障性公共服务设施和公共活动场所。

二是统筹城乡融合发展和乡村振兴，重塑美丽宜居乡村。良好生态环境是农村最大优势和宝贵财富。要按照先规划后建设的原则，通盘考虑土地利用、产业发展、居民点布局、人居环境整治、生态保护和历史文化传承，编制多规合一的实用性村庄规划。结合县级国土空间规划编制，发挥县城对人口城镇化的吸纳作用，挖掘县乡消费潜力，把县城作为城乡融合发展的切入点，合理确定村庄布局。通过编制实用性村庄规划，统筹村域开发保护各类要素，优化乡村基础设施和公共服务设施布局，加强传统村落和乡村特色风貌保护，立足当地特色资源推动乡村产业发展壮大，推动乡村自然资本增值。通过建立城乡统一的建设用地市场，推动城乡要素双向对流、良性发展，让乡村成为锁住乡愁、宜居宜业宜养的美丽家园。

三是大力推进国土整治和城市更新，提升空间综合价值。要抓住资源利用这个源头，推进资源总量管理、科学配置、全面节约、循环利用，全面提高资源利用效率。要继续推动城乡存量建设用地开发利用，完善政府引导市场参与的城镇低效用地再开发政策体系。坚持节约集约利用，通过国土综合整治、城市有机更新，有序盘活存量空间，大力推广节地模式，促进空间利用从增量转向存量，从数量转向质量，从经济效率转向经济、社会、生态兼顾的综合效率提升，提高国土空间活力和价值。塑造具有地域特色和时代特征的城乡空间形态和风貌，提高吸引力、竞争力和可持续发展的能力。

[知识链接]

深圳市通过规划传导推动城市更新补足公共服务短板

深圳市通过规划传导，推动城市有序更新，保障城市更新落实上层次规划在空间管控和时序安排等方面的要求。宏观层面，编制市区"城市更新五年规划"，明确规划期内改造目标、策略、时序和重点片区。微观层面，按照成片连片改造思路，建立了城市更新单元管理制度，发挥规划对零散用地的整合作用。

坚持公益优先，提高城市公共服务水平。所有城市更新项目须向政府无偿移交大于3000平方米，且不小于拆除范围用地面积15%的用地。首创保障房配建制度，改造后包含住宅的项目按住宅总规模15%—35%的比例配建保障性住房，产业升级类项目按照12%的比例配建创新型产业用房，发挥了保障民生、扶持产业的作用。截至2020年12月底，全市城市更新单元规划落实了中小学校162所、幼儿园335所、医院4所、社区健康服务中心328处、公交首末站256处，配建保障性住房约1300万平方米，通过城市更新有效补足公共服务短板，完善城市功能，提升城市品质。

三、全面提升空间治理能力，推进国家治理体系现代化

习近平总书记指出，要深刻把握我国发展要求和时代潮流，把制度建设和治理能力建设摆到更加突出的位置。完善空间治理，按照统一底图、统一标准、统一规划、统一平台的要求，建立健全分类管控机制。提升空间治理能力，是优化国土空间开发保护格局、构建新发展格局的重要基础和保障。必须按照"多规合一"要求，加快建立健全国土空间规划编制审批体系、实施监督体系、法规政策体系和技术标准体系，加强制度和政策设计，充分利用数字化、

信息化技术，通过"智慧规划"推动建设"智慧国土"，加强编制、审批、实施、监测、评估、预警、考核、修改等完整闭环的规划全生命周期管理，全面推进空间治理现代化。

（一）统一国土空间规划体系，确保一张蓝图绘到底

规划科学是最大的效益，规划失误是最大的浪费，规划折腾是最大的忌讳。要落实"多规合一"，形成一本规划、一张蓝图。国土空间规划是国家空间发展的指南、可持续发展的空间蓝图，是各类开发保护建设活动的基本依据。建立全国统一、责权清晰、科学高效的国土空间规划体系，整体谋划新时代国土空间开发保护格局，是保障国家战略有效实施、促进国家治理体系和治理能力现代化的必然要求。建立"多规合一"国土空间规划体系并监督实施，是一项系统性、整体性、重构性重大改革，承担着生态文明新时代转变发展方式、构建与新发展格局相适应的国土空间开发保护新格局的使命。

构建"五级三类"国土空间规划体系。五级指国家、省、市、县、乡镇编制国土空间总体规划，体现"一级政府、一级规划"；三类指总体规划、详细规划、相关专项规划相互协调衔接，发挥各自的作用。编制各级各类国土空间规划，强调宏观贯通微观、全域全要素统筹，从深化空间供给侧结构性改革的角度，整体谋划新时代国土空间开发保护格局，综合考虑人口分布、经济布局、国土利用、生态环境保护等因素，科学布局生产空间、生活空间、生态空间，优化空间配置和设施布局，提升空间效率和品质，促进产业升级，推进区域协调发展，增强对全球资源要素的强大吸引力以及在激烈国际竞争中的强大竞争力，促进形成新发展格局。

（二）完善空间治理机制政策，提升空间治理水平

完善空间治理。要完善和落实主体功能区战略，细化主体功能区划分，按照主体功能定位划分政策单元，对重点开发地区、生态脆弱地区、能源资源地区等制定差异化政策，分类精准施策，推动形成主体功能约束有效、国土开发有序的空间发展格局。构建新发展格局，推动空间发展战略落地，关键在于强化国土空间规划的战略性、科学性、权威性、协调性和操作性，坚定不移实施主体功能区战略制度，构建科学有效的空间治理机制和配套政策，打破有形无形的市场分割壁垒，发挥各地区比较优势，促进各类要素合理流动和高效集聚。

健全空间治理机制。建立健全资源环境承载能力监测预警机制，对各主体功能区进行动态监测评估预警，做到"治未病"。加大中央财政为主导的生态补偿和财政转移支付力度，健全生态产品价值实现机制。建立政府调控、市场调节的农产品价格形成与利益补偿机制。建立适应主体功能区要求的差异化绩效考评制度。

完善国土空间政策。基于城市化地区、农产品主产区、重点生态功能区 3 大类型，深化细化"3+N"主体功能治理单元，推动分类精准施策，政策单元由行政区向地理单元拓展。建立健全与主体功能定位协调一致的财政、产业、投资、自然资源、环境保护、农业等政策，推进资源总量管理、科学配置、全面节约、循环利用。建立政府引导、市场为主体的资源配置机制，拓展激励人口转移、创新资源跨区域应用、创新型动力系统培育等方面激励性政策。

健全技术标准体系。印发全国统一的《国土空间调查、规划、用途管制用地用海分类指南（试行）》，实现从调查、规划、用途管

制、不动产登记、执法督察全流程的统一分类标准。发布《国土空间规划"一张图"实施监督信息系统技术规范》，以国土空间基础信息平台为基础，搭建自上而下、上下贯通的国土空间规划"一张图"实施监督信息系统。制定印发资源环境承载能力和国土空间开发适宜性评价、省级国土空间规划编制、市级国土空间总体规划编制规范，研究制定综合防灾、城市设计、社区生活圈、历史文化遗产及风貌保护等技术标准，为国土空间规划编制实施提供重要指引和规范。

（三）搭建空间治理信息平台，通过"智慧规划"建设"智慧社会"

没有信息化就没有现代化，要以信息化推进国家治理体系和治理能力现代化。要推进智慧城市建设，推动城市规划、建设、管理、运营全生命周期智能化。健全规划实施、定期评估、动态维护制度，建立城市体检评估机制。顺应数字化、信息化时代潮流的"新生态"，按照"一张底板、一个平台、一套数据"的要求，依托国土空间基础信息平台，建设横向到边、纵向到底的国土空间规划"一张图"实施监督信息系统，支撑建设联合国全球地理信息知识与创新中心和可持续发展大数据国际研究中心，切实提高资源要素配置效能，提升空间治理水平。

构建可感知、能学习、善治理、自适应的"智慧规划"。形成各层级叠合、覆盖全域、动态更新、权威统一的国土空间规划"一张图"，应用于国土调查、规划编制、用途管制、执法督察等各环节。通过运用信息化、数字化手段，强化规划权威，改进规划审批，健全用途管制，监督规划实施，从而发挥好国土空间规划对空间开发保护利用的基础性作用和对各专项规划的指导约束作用。通过"智慧规划",实现国土空间规划编制、审批、修改和实施监督全周期管理,有效支撑"网络强国""数字中国""智慧社会"建设。

实施国土空间规划年度体检评估。基于国土空间规划"一张图"实施监督信息系统,聚焦指标科学、数据客观、操作务实、管理权威要求,持续推进国土空间规划体检评估,及时揭示空间治理中存在的问题和短板,及时纠偏不合理的开发建设活动,提高空间治理现代化水平。

[知识链接]

广东省规划"一张图"助力构建"智慧社会"

2021年2月底,作为全国5个省级国土空间规划"一张图"实施监督信息系统建设试点省份之一,广东省国土空间规划"一张图"系统正式上线。依托该省自然资源一体化数据库,接入涵盖土地、矿产、海洋、自然保护区,以及遥感影像、电子地图等各类数据服务101项,通过对接省政务大数据中心,接入22项涉及人口经济、生态环境、水利、交通等其他部门数据,为全省各级国土空间规划编制和监督实施提供数据支撑。

广东省规划"一张图"系统已基本构建规划"一张图"应用、规划分析评价、成果审查与管理、监测评估预警、资源环境承载力监测预警、指标模型管理等6项系统基本功能，可有效支撑各级各类国土空间规划编制审批、实施监督全过程。此外，该系统满足规划成果（指标）数字化在线填报，支持现状评估、体检评估、规划成果分阶段上报汇交，推进规划成果闭环、全程留痕管理。规范阶段性成果上报汇交，实现规划管理行为可回溯、可查询、可监管。

延伸阅读

1. 习近平:《实施三大战略，促进区域协调发展》,《习近平谈治国理政》第二卷，外文出版社 2017 年版。

2.《中华人民共和国国民经济和社会发展第十四个五年规划和 2035 年远景目标纲要》，2021 年 3 月。

3.《中共中央国务院关于建立国土空间规划体系并监督实施的若干意见》，2019 年 5 月。

第十讲
推进新型城镇化和乡村振兴

城镇化是现代化的必由之路，城市建设是现代化建设的重要引擎，是构建新发展格局的重要支点。实施乡村振兴战略，加快农业农村现代化，是解决发展不平衡不充分问题的重要举措，是构建新发展格局的基础支撑。推进新型城镇化和乡村振兴，对于加快构建新发展格局具有重大现实意义和深远历史意义。

一、新型城镇化和乡村振兴在构建新发展格局中的地位和作用

城镇和乡村是经济社会发展的物质空间，是生产和生活活动的空间载体，二者各具特色、互为支撑，县城是连接城乡的枢纽。进入新时代，随着我国社会主要矛盾的转化，区域和城乡发展不平衡已经成为我国发展不平衡不充分矛盾的主要方面，成为制约构建新发展格局、影响高质量发展的重要因素。必须适应我国人多地少、区域差异大的基本国情，统筹实施以人为核心的新型城镇化战略和

乡村振兴战略，走中国特色城镇化路径，加快形成工农互促、城乡互补、协同发展、共同繁荣的新型工农城乡关系，促进城乡区域差异化均衡发展，推动形成新发展格局。

推进新型城镇化和乡村振兴，是实施扩大内需战略的重要路径。构建新发展格局要坚持扩大内需这个战略基点。城市和县城是扩内需补短板、增投资促消费、建设强大国内市场的大头。我国城镇生产总值、固定资产投资占全国比重均接近90%，消费品零售总额占全国比重超过85%。推进新型城镇化，谋划推进一系列城市和县城建设领域民生工程和发展工程，能够带来巨大投资需求，形成新的经济增长点，培育发展新动能；能够促进农业转移人口市民化，使城镇消费群体不断扩大、消费结构不断升级、消费潜力不断释放，促进经济长期持续健康发展。农业是保障国家粮食安全、满足城乡居民消费升级的基础支撑，农村是需求广阔的巨大市场，农民是最具潜力的消费主体。我国农村消费需求已实现16年较快增长，推进乡村振兴，将使数亿农民同步迈向全面现代化，释放巨大的消费需求和投资空间。

推进新型城镇化和乡村振兴，是畅通国内大循环的必然要求。构建新发展格局的关键在于经济循环的畅通无阻。2020年，我国常住人口城镇化率达63.89%，已经步入城镇化较快发展的中后期，城市发展进入城市更新的重要时期，由大规模增量建设转为存量提质改造和增量结构调整并重，从"有没有"转向"好不好"。从国际经验和城市发展规律看，这一时期城市发展面临许多新的问题和挑战，各类风险矛盾突出，容易造成经济循环的堵点。同时，我国县城公共服务供给的总量不足、质量不高，基础设施承载能力不够，不能有效吸纳农业转移人口就地城镇化，容易使经济循环出现断点。

完善以城市为主体的传统城镇化，推进以县城为重要载体的就地城镇化，有利于推动区域协调发展，优化经济发展空间布局，提高生产要素配置效率，促进国内经济良性循环。城乡差距大，经济循环不畅，是整个经济大动脉"栓塞"的突出表现。全面推进乡村振兴，能够促进城乡协调发展，破除阻碍城乡要素自由流动、平等交换的体制机制壁垒，让人才、土地、资金、产业、信息等要素在城乡之间集约集聚和良性循环，为畅通国内大循环提供有力保障。

推进新型城镇化和乡村振兴，是促进经济发展方式转变的有效途径。城市建设是贯彻新发展理念、推动高质量发展的重要载体。随着我国经济发展由高速增长阶段进入高质量发展阶段，过去"大量建设、大量消耗、大量排放"和过度房地产化的城市开发建设方式已经难以为继。推进新型城镇化，推动城市开发建设方式从粗放型外延式发展转向集约型内涵式发展，将建设重点由房地产主导的增量建设，逐步转向以提升城市品质为主的存量提质改造，将促进资本、土地等要素根据市场规律和国家发展需求进行优化再配置，从源头上促进产业结构升级和经济发展方式转变，为构建新发展格局打下坚实基础。农业农村目前仍是社会主义现代化建设的突出短板，农业物质技术装备水平不够高、质量效益和竞争力不强。全面实施乡村振兴战略，有利于加快转变农业农村发展方式，推动农村一二三产业融合发展，特别是提高农业发展质量和效益，确保粮食等重要农产品安全，将经济发展的底盘牢牢托住。

推进新型城镇化和乡村振兴，是提升人民群众获得感幸福感安全感的重大举措。在经济高速发展和城镇化快速推进过程中，我国城市发展注重追求速度和规模，城市的整体性、系统性、宜居性、包容性和生长性不足，人居环境质量不高，一些大城市"城市病"

问题突出。在这次新冠肺炎疫情中，城市建设领域的一些问题和短板更加凸显。通过实施城市更新行动，及时回应群众关切，着力解决"城市病"等突出问题，补齐基础设施和公共服务设施短板，推动城市结构调整优化，提升城市品质，提高城市管理服务水平，可以让人民群众在城市生活得更方便、更舒心、更美好。与工业化、城镇化快速发展相比，农业农村发展步伐还跟不上，农村行路难、上学难、看病难、养老难等问题在一些地方还比较突出。实施乡村振兴，缩小城乡差距，补齐农村基础设施和公共服务设施短板，可以显著改善农村生产生活条件，推动农业全面升级、农村全面进步、农民全面发展，为经济社会发展提供更加强有力的支撑，推动全体人民共同富裕取得更为明显的实质性进展。

二、完善城镇化战略，走中国特色城镇化道路

我国城镇化道路怎么走？这是个重大问题，关键是要把人民生命安全和身体健康作为城市发展的基础目标。城镇化目标正确、方向对头，走出一条新路，有利于破解城乡二元结构，有利于促进社会公平和共同富裕。从我国基本国情出发，不能简单复制任何国家的城镇化路径，尤其是作为全球最大的发展中国家，盲目模仿西方在资本驱动下效率优先的城镇化道路，很容易导致人口向大城市过度集聚，产生各种经济和社会问题。必须坚持制度优势、坚持以人为本、坚持绿色低碳、坚持城乡统筹、坚持因地制宜、坚持文化自信，积极稳妥推进我国城镇化进程，走出一条中国特色城镇化道路。

完善城市空间布局和功能。我国各地情况千差万别，要因地制宜推进城市空间布局形态多元化。东部等人口密集地区，要优化城

市群内部空间结构，合理控制大城市规模，不能盲目"摊大饼"。要推动城市组团式发展，形成多中心、多层级、多节点的网络型城市群结构。城市之间既要加强互联互通，也要有必要的生态和安全屏障。中西部有条件的省区，要有意识地培育多个中心城市，避免"一市独大"的弊端。要健全城镇体系，构建以中心城市、都市圈、城市群为主体，大中小城市和小城镇协调发展的城镇格局，落实重大区域发展战略，促进国土空间均衡开发。建立健全区域与城市群发展协调机制，充分发挥各城市比较优势，促进城市分工协作，强化大城市对中小城市辐射带动作用，有序疏解特大城市非核心功能。深化户籍制度改革，完善财政转移支付和城镇新增建设用地规模与农业转移人口市民化挂钩政策，强化基本公共服务保障，加快农业转移人口市民化。

推进以县城为重要载体的城镇化建设。县城是承上启下、连接城乡两大体系的重要枢纽，在我国城镇化进程中具有重要的基础地位。我国现有 1881 个县市，农民到县城买房子、向县城集聚的现象很普遍，要选择一批条件好的县城重点发展，加强政策引导，使之成为扩大内需的重要支撑点。要处理好中心城市和区域发展的关系，推进以县城为重要载体的城镇化建设，促进城乡融合发展。以满足农民进城安居乐业需求为导向，以绿色低碳理念为引领，以提升县城的综合承载力和吸引力为重要抓手，加强县城基础设施和公共服务设施建设，推动县城提质增效，使返乡农民回得去、进城农民留得下。以县域为单元统筹城乡发展，构建一二三产业融合的发展体系，统筹县城、中心镇、行政村三级服务体系，统筹政府、社会、村民共建共治共享的治理体系，提升乡村生活品质，缩小城乡差距。提高乡镇建设水平，推进乡镇环境综合整治，增强产业发展、公共服务、吸纳就业、人口集聚等功能，努力把乡镇建成服务农民的区域中心。

推动超大特大城市高质量建设。产业和人口向优势区域集中是客观经济规律，但城市单体规模不能无限扩张。目前，我国超大城市（城区常住人口 1000 万人以上）和特大城市（城区常住人口 500 万人以上）人口密度总体偏高，北京、上海主城区密度都在每平方公里 2 万人以上，东京和纽约只有 1.3 万人左右。长期来看，全国城市都要根据实际合理控制人口密度，大城市人口平均密度要有控制标准。要建设一批产城融合、职住平衡、生态宜居、交通便利的郊区新城，推动多中心、郊区化发展，提高智能管理能力，逐步解决中心城区人口和功能过密问题。推动超大特大城市高质量建设，是一项系统工程。要坚持系统观念，围绕合理控制城市规模、科学管控城市建设密度、优化城市功能布局、完善城市交通系统、保护城市历史文化、塑造城市风貌、增强城市安全韧性、推动城市建设绿色发展、提升城市治理水平等方面，采取综合性措施，整体性推进超大特大城市高质量建设。

三、加快实施城市更新行动，不断提升城市现代化水平

实施城市更新行动，是以习近平同志为核心的党中央科学把握城市发展规律，准确研判我国城市发展新问题新形势，对进一步提升城市发展质量作出的重大决策部署，其总体目标是建设宜居、绿色、韧性、智慧、人文城市，不断提升城市人居环境质量、人民生活质量、城市竞争力。

实施城市生态修复和功能完善工程。城市发展必须把生态和安

全放在更加突出的位置，统筹城市布局的经济需要、生活需要、生态需要、安全需要。要坚持以人民为中心的发展思想，坚持从社会全面进步和人的全面发展出发，在生态文明思想和总体国家安全观指导下制定城市发展规划，建立高质量的城市生态系统和安全系统。要坚持以资源环境承载能力为刚性约束条件，以建设美好人居环境为目标，合理确定城市规模、人口密度，优化城市空间布局形态，构建生态廊道网络，控制特大城市中心城区建设密度，促进公共服务设施合理布局。建立连续完整的生态基础设施标准和政策体系，完善城市生态系统，保护城市山体自然风貌，修复河湖水系和湿地等水体，加强绿色生态网络建设。补足城市基础设施短板，加强各类生活服务设施建设，增加公共活动空间，推动发展城市新业态，完善和提升城市功能。

强化历史文化保护，塑造城市风貌。历史文化是城市的灵魂，要像爱惜自己的生命一样保护好城市历史文化遗产。要建立城乡历史文化保护传承体系，完善制度机制政策，统筹保护、利用、传承，加强监督检查，强化考核问责，确保各时期重要城乡历史文化遗产得到系统性保护，加大历史文化名城名镇名村保护力度，修复山水城传统格局，保护具有历史文化价值的街区、历史地段的传统格局和风貌，推进历史文化遗产活化利用，不拆除历史建筑，不拆真遗存、不建假古董。全面开展城市设计工作，加强建筑设计管理，优化城市空间和建筑布局，加强住宅建筑密度和新建高层建筑管控，治理"贪大、媚洋、求怪"的建筑乱象，塑造城市时代特色风貌。

加强居住社区建设。居住社区是城市居民生活和城市治理的基本单元，城市治理的"最后一公里"就在社区，要坚持为民服务宗旨，强化社区为民、便民、安民功能。要以安全健康、设施完善、管理有序为目标，把居住社区建设成为满足人民群众日常生活需求的完整单元。开展城市居住社区建设补短板行动，因地制宜对居住社区市政配套基础设施、公共服务设施等进行改造和建设，提升完整居住社区覆盖率，完善十五分钟生活圈服务配套。推动物业服务企业大力发展线上线下社区服务业，满足居民多样化需求。建立党委领导、政府组织、业主参与、企业服务的居住社区治理机制，推动城市管理进社区，提高物业管理覆盖率。开展美好环境与幸福生活共同缔造活动，发挥居民群众主体作用，共建共治共享美好家园。

推进新型城市基础设施建设。推进国家治理体系和治理能力现代化，必须抓好城市治理体系和治理能力现代化。运用大数据、云计算、区块链、人工智能等前沿技术推动城市管理手段、管理模式、管理理念创新，从数字化到智能化再到智慧化，让城市更聪明一些、更智慧一些，是推动城市治理体系和治理能力现代化的必由之路，前景广阔。要加快推进基于数字化、网络化、智能化的新型城市基础设施建设和改造，全面提升城市建设水平和运行效率。加快推进城市信息模型（CIM）平台建设，打造智慧城市的基础操作平台。实施智能化市政基础设施建设和改造，提高运行效率和安全性能。协同发展智慧城市与智能网联汽车，打造智慧出行平台"车城网"。推进智慧社区建设，实现社区智能化管理。推动智能建造与建筑工业化协同发展，建设建筑产业互联网，推广钢结构装配式等新型建造方式，加快发展"中国建造"。

加强城镇老旧小区改造。城镇老旧小区改造是重大的民生工程和发展工程。要全面推进城镇老旧小区改造工作，进一步摸清底数，合理确定改造内容，科学编制改造规划和年度改造计划，有序组织实施，力争到"十四五"期末基本完成2000年前建成的需改造城镇老旧小区改造任务。不断健全统筹协调、居民参与、项目推进、长效管理等机制，建立改造资金政府与居民、社会力量合理共担机制，完善项目审批、技术标准、存量资源整合利用、财税金融土地支持等配套政策，确保改造工作顺利进行。

增强城市防洪排涝能力。城市内涝问题严重影响群众生产生活，危及人民生命财产安全，要把内涝治理作为保障城市安全发展的重要任务抓实抓好。要坚持系统思维、整体推进、综合治理，争取"十四五"期末城市内涝治理取得明显成效。统筹区域流域生态环境治理和城市建设，将山水林田湖草生态保护修复和城市开发建设有机结合，提升自然蓄水排水能力。统筹城市水资源利用和防灾减灾，系统化全域推进海绵城市建设，打造生态、安全、可持续的城市水循环系统。统筹城市防洪和排涝工作，科学规划和改造完善城市河道、堤防、水库、排水系统设施，加快建设和完善城市防洪排涝设施体系。

全面开展城市体检评估。把城市作为"有机生命体"，建立完善城市体检评估机制，摸清各方面存在问题，聆听市民心声，针对查找出来的"城市病"和城市短板，精准生成城市更新项目，全程跟踪城市问题的解决与城市更新任务的落实，统筹城市各类建设资源，推动城市建设项目投资更加精准、城市资源配置更加合理、城市治理更加高效、城市建设更加系统。

四、全面实施乡村振兴战略，加快农业农村现代化

民族要复兴，乡村必振兴。党的十九届五中全会提出，坚持把解决好"三农"问题作为全党工作重中之重，走中国特色社会主义

乡村振兴道路，全面实施乡村振兴战略，强化以工补农、以城带乡，推动形成工农互促、城乡互补、协调发展、共同繁荣的新型工农城乡关系，加快农业农村现代化。

推进质量兴农。适应城乡居民消费结构不断升级的需求，要走质量兴农之路，增加绿色优质农产品供给。要深入推进农业供给侧结构性改革，推动品种培优、品质提升、品牌打造和标准化生产。适应城乡居民消费结构不断升级的需求，走质量兴农之路，增加绿色优质农产品供给。要加强农业种质资源保护开发利用，有序推进生物育种产业化应用。加快大中型、智能化、复合型农业机械研发应用，促进农业机械化全程全面发展。完善农业科技创新体系，深入开展乡村振兴科技支撑行动。落实最严格的耕地保护制度，强化耕地数量保护和质量提升。加强产地环境保护治理，完善绿色农业标准体系，建立健全农业品牌监管机制。深入实施重要农产品保障战略，建设国家粮食安全产业带，确保粮棉油糖肉供给安全。优化农业生产布局，加强粮食生产功能区、重要农产品生产保护区和特色农产品优势区建设。优化种植业结构，积极发展设施农业。

加快发展乡村富民产业。立足当地特色资源，拓展乡村多种功能，向广度深度进军，推动乡村产业发展壮大。有条件的要通过全产业链拓展产业增值增效空间，创造更多就业增收机会。要大力发展各具特色的乡村富民产业，加大农村一二三产业融合发展，把产业链主体留在县域，把就业机会和产业链增值收益留给农民。关键是做好纵向融合和横向融合两篇文章。纵向融合重在依托乡村特色优势资源，打造农业全产业链。推动种养业向前后端延伸、向上下游拓展，推动产品增值、产业增效。横向融合重在开发农业多重功能和乡村多元价值，丰富乡村经济业态。深入挖掘乡村生态涵养、休闲体验、文化传承等新功能，促进农业与旅游、康养、教育、文化等产业深度融合。

全面促进农村消费。坚持促进农民增收和改善消费条件两手抓，着力促进农村消费提质升级，有效释放农村巨量消费需求。要实施脱贫地区特色种养行动，深化拓展消费帮扶，提升脱贫地区农民收入水平。积极发展富民乡村产业，实施乡村就业促进行动，拓宽农民增收渠道。推动农村居民耐用消费品更新换代。引导现代服务向农村延伸拓展。完善农村商贸服务网络，优化农村消费环境，规范农村市场秩序。

进一步深化农村改革。全面推进乡村振兴，必须用好改革这一法宝。要稳步推进农村承包地"三权"分置改革，落实第二轮土地承包到期后再延长 30 年政策，健全土地经营权流转服务体系。深化农村宅基地制度改革试点，探索宅基地所有权、资格权、使用权分置有效实现形式，积极稳妥盘活利用农村闲置宅基地和闲置住宅。积极探索实施农村集体经营性建设用地入市制度，明确入市范围、主体和权能，严格用途管控。深化农村集体产权制度改革，有效盘活集体资产资源，发展壮大新型农村集体经济。建立"三农"财政投入稳定增长机制，健全农业支持保护制度。完善农村用地保障机制，保障设施农业和乡村产业发展合理用地需求。健全农村金融服务体系，完善金融支农激励机制，扩大农村资产抵押担保融资范围，发展农业保险。

五、实施乡村建设行动，建设美丽宜居乡村

习近平总书记指出，全面实施乡村振兴战略的深度、广度、难

度不亚于脱贫攻坚，必须加强顶层设计，以更有力的举措、汇聚更强大的力量来推进。乡村建设是乡村振兴的重要载体，我们要把乡村建设摆在社会主义现代化建设的重要位置，加快改善农村发展建设面貌，显著缩小城乡差距，努力建设产业兴旺、生态宜居、乡风文明、治理有效、生活富裕的美丽乡村。

整治提升农村人居环境。改善农村人居环境，是实施乡村建设行动的一项重要任务。目前，全国约 3/4 的村庄生活污水未得到处理，拥有卫生厕所的农户比例仅为 68%，农村生活垃圾无害化处理水平不高，农村人居环境治理还存在不少短板。要接续推进农村人居环境整治提升五年行动，重点抓好改厕、污水和垃圾处理。加大中西部地区农村户用厕所改造力度，实现愿改尽改、能改尽改。全面建立村庄保洁制度，传承乡村"无废"生产生活方式，推进农村生活垃圾就地分类和资源化利用。推行小型化、生态化、分散化的农村生活污水处理模式和处理工艺，合理确定排放标准，以乡镇政府驻地和中心村为重点梯次推进农村生活污水治理。推进农村水系综合整治。

推动基础设施往村覆盖、往户延伸。农村基础设施是农村现代文明生活必需的基本要件，目前往村覆盖、往户延伸还存在明显薄弱环节。要从农民最迫切的需求入手，既尽力而为，又量力而行，把握好乡村建设的时度效。实施农村供水保障工程，有条件的地方可将城镇周边的村庄纳入城镇供水体系，基本实现供水入房。支持农村公路建设项目更多向进村入户倾斜，重点建设村内道路。推进燃气下乡，有条件的地区积极推动宽带、通信、广电等进村入户。

提升农村基本公共服务水平。在推进城乡基本公共服务均等化上持续发力，注重加强普惠性、兜底性、基础性民生建设。提高农村教育质量，完善普惠性学前教育保障机制，改善乡镇寄宿学校和乡村小规模学校办学条件，加强县域普通高中学校建设，提升乡村教师队伍素质水平，加快发展面向乡村的网络教育。全面推进健康乡村建设，提升村卫生室、乡镇卫生院、县级医院医疗服务能力，推动乡村医生向执业（助理）医师转变，加强紧密型县域医疗卫生共同体建设。健全县乡村衔接的三级养老服务网络，发展农村普惠型养老服务和互助性养老。健全统筹城乡的就业政策和服务体系，推动公共就业服务机构向乡村延伸，完善统一的城乡居民基本医疗保险、基本养老保险、最低生活保障等制度。推进城乡公共文化服务体系一体建设，创新实施文化惠民工程。

大力提升农房品质。当前，农民改善住房条件、过上现代化生活的愿望十分强烈。要继续实施农村危房改造，在保持脱贫攻坚政策稳定性、延续性的基础上调整优化，逐步建立健全农村低收入群体住房安全保障长效机制。提升农房设计和建造质量，推动在室内配置水暖厨卫等现代化生活设施，因地制宜推进水冲式厕所入室，推广装配式钢结构等安全可靠的新型建造技术，建设功能现代、结构安全、成本经济、绿色环保、与乡村环境相协调的宜居住房。

保护和塑造乡村特色风貌。乡村特色风貌是乡村独特的价值和魅力所在。要加强乡村风貌整体管控，注重农房单体个性设计，建设立足乡土社会、富有地域特色、承载田园乡愁、体现现代文明的美丽乡村。鼓励结合发展民宿、旅游等产业，加强传统村落、传统民居保护利用与传承。鼓励新建农房向基础设施完善、自然条件优越、公共服务设施齐全、景观环境优美的村庄聚集，营建左邻右舍、里仁为美的空间格局。营造留住"乡愁"的环境，充分挖掘村庄物质和非物质文化遗存，保护并改善村落的历史环境和生态环境。以农房为主体，利用古树、池塘等自然景观和牌坊、祠堂等人文景观，营造本土特色风貌，构建干净、整洁、有序的乡村环境。

创新完善乡村建设推进机制。乡村建设是一项长期性历史任务，需要发挥政府在规划引导方面的作用，强化政策支持和要素保障，形成财政、金融、社会资本多元化投入格局，建立政府、市场、社会协同推进机制。坚持规划先行、稳扎稳打，把握好乡村建设的时度效，合理安排建设时序。坚持因地制宜，从各地农村实际和农民需求入手，明确建设重点和目标任务，既尽力而为又量力而行，确保建一个成一个。坚持为农民而建，充分尊重农民意愿，保障农民权益，发挥农民主体作用，完善农民参与乡村建设机制，广泛依靠农民、教育引导农民、组织带动农民搞建设。坚持建管并重，形成建管用相结合的长效机制，确保乡村建设项目长期稳定发挥效用。

[知识链接]

城市更新行动

城市更新有其内生性和规律性，是城市作为生命有机体的内在需求。从国外情况看，美国、英国、日本、新加坡等发达国家在城镇化发展接近成熟期时，城市都逐步从"外延式扩张"转向"内涵式发展"，城市更新也应运而生。从我国情况看，城镇化已转向高质量发展阶段，但部分存量空间功能品质与现代化建设还不相适应，特别是在应对新冠肺炎疫情中暴露出的城市韧性不足等一些短板弱项，亟须通过推进城市更新，使我国的城市更健康更安全更宜居更绿色。城市更新需要以高质量发展为目标，以满足人民宜业宜居需要为出发点和落脚点，是一个需要加强前瞻性思考、全局性谋划、战略性布局、整体性推进的系统工程。在具体工作中，需要合理设计工作时序，加强规划政策引导，完善土地利用方式，拓宽资金支持渠道，坚持尽力而为、量力而行，指导各地区分城分类分阶段推进，避免成为新一轮大拆大建的房地产项目，坚持在试点示范的基础上有序推进。

乡村建设行动

党的十八大以来，乡村建设全面提速，农村生产生活条件明显改善，城乡建设差距扩大的趋势得到有效遏制，但我国农村基础设施和公共服务能力还不能适应实施乡村振兴战略、推进现代化国家建设的需要。党中央提出实施乡村建设行动，就是要把乡村建设摆在社会主义现代化建设的重要位置，通过开展大规模建设，力争在"十四五"时期使农村基础设施和基本公共服务水平有较大改善，进一步夯实乡村振兴基础。"十四五"时期我国乡村建设行动的重点，是完善乡村水、电、路、气、通信、广播电视、物流等服务于农村生产生活的各类基础设施。实施乡村建设行动是一项长期而艰巨的任务，需要立足各地实际，遵循乡村建设规律，着眼长远谋定而后动，聚焦阶段任务，找准突破口，排出优先序，一件事情接着一件事情办，一年接着一年干，久久为功，积小胜为大成。

延伸阅读

1. 习近平:《把乡村振兴战略作为新时代"三农"工作总抓手》,《习近平谈治国理政》第三卷,外文出版社 2020 年版。

2.《中华人民共和国国民经济和社会发展第十四个五年规划和 2035 年远景目标纲要》,2021 年 3 月。

3.《中共中央国务院关于实施乡村振兴战略的意见》,2018 年 1 月。

4.《中华人民共和国乡村振兴促进法》,2021 年 4 月。

第十一讲
促进经济社会发展全面绿色转型

　　构建新发展格局，迫切需要促进经济社会发展全面绿色转型，其核心是绿色，要害为全面，关键在转型，这是适应新发展阶段、贯彻新发展理念、构建新发展格局的必然要求。党的十九届五中全会提出，深入实施可持续发展战略，完善生态文明领域统筹协调机制，构建生态文明体系，促进经济社会发展全面绿色转型，建设人与自然和谐共生的现代化。要完整、准确、全面贯彻新发展理念，保持生态文明建设战略定力，站在人与自然和谐共生的高度来谋划经济社会发展，建立健全绿色低碳循环发展经济体系，统筹污染治理、生态保护、应对气候变化，走出一条生产发展、生活富裕、生态良好的文明发展道路。

一、构建新发展格局同深入实施可持续发展战略的关系

（一）新发展阶段我国可持续发展战略的时代内涵

　　1972 年在瑞典斯德哥尔摩召开联合国首次人类环境大会以来，

可持续发展理念逐步形成和完善。我国是可持续发展的坚定支持者、参与者和积极实践者。1995年，党中央将"可持续发展"确立为国家战略，并全面实施。其后，我国先后提出科学发展观、生态文明等理念，逐步将可持续发展理念和目标融入经济社会发展各方面和全过程。

2012年，党的十八大把生态文明建设纳入中国特色社会主义事业"五位一体"总体布局，进一步深化和拓展可持续发展理论，推动可持续发展理论中国化并与时俱进发展，对全球可持续发展作出重大贡献。

浙江淳安绿色发展助推乡村振兴

建设生态文明，是关系人民福祉、关乎民族未来的长远大计，不仅有利于满足人民日益增长的优美生态环境需要，而且能够推动实现更高质量、更有效率、更加公平、更可持续、更为安全的发展。

党的十八大明确了生态文明建设的方针和目标，通过节约优先、保护优先、自然恢复为主，努力建设美丽中国，实现中华民族永续发展；提出了建设途径和重点任务，即树立尊重自然、顺应自然、保护自然的生态文明理念，把生态文明建设放在突出地位，融入经济建设、政治建设、文化建设、社会建设各方面和全过程，优化国土空间开发格局、全面促进资源节约、加大自然生态系统和环境保护力度、加强生态文明制度建设。

随着时代的发展，生态文明建设的内涵不断丰富和深化。2017年，党的十九大提出，建设生态文明是中华民族永续发展的千年大计，将"坚持人与自然和谐共生"作为新时代坚持和发展中国特色社会主义的基本方略之一，强调"我们要建设的现代化是人与自然和谐共生的现代化"，并将"美丽中国"作为建设社会主义现代化强国的目标之一，赋予生态文明建设新的使命。2020年，党的十九届五中全会将"生态文明建设实现新进步"作为"十四五"时期经济社会发展主要目标之一，为当前和今后一个时期推动绿色发展，促进人与自然和谐共生指明了方向、提供了遵循。

（二）构建新发展格局为深入实施可持续发展战略提供了重要动力

近年来，经济全球化遭遇逆流，我国发展的外部环境发生重大变化，市场和资源"两头在外"的国际大循环动能明显减弱，"世界工厂"发展模式的可持续性明显下降。构建新发展格局更强调充分发挥我国超大规模市场优势和内需潜力，利用国际国内两个市场、两种资源，更强调消费和内需对经济的拉动作用，提升产业基础能力和产业链现代化水平，实现更加强劲可持续的发展。

构建新发展格局最本质的特征是实现高水平的自立自强，党的十九届五中全会对科技创新作出了部署安排。科技创新是经济高质量发展的核心，技术的革新可以提升资源的利用效率，推动生产方式转型，从源头降低污染与能耗，进而推动生态环境治理体系和治理能力现代化，促进可持续发展战略落地见效。

（三）深入实施可持续发展战略为构建新发展格局提供了方向引领

理念是行动的先导，一定的发展实践都是由一定的发展理念来引领的。发展理念是否对头，从根本上决定着发展成效乃至成败。

深入实施可持续发展战略，意味着我国要建设的现代化，不是发达国家目前现代化的简单翻版，而是可持续的现代化。工业革命后建立的传统工业化模式前所未有地推动了人类文明进程，但也带来了生态环境危机。这种危机背后，是发展理念和发展方式的危机。不可持续的发展模式背后有其发展理念根源。传统工业文明中，在"人与商品"狭窄视野下追求人类物质利益最大化，生产和消费的双重扩张往往与人类福祉提高发生背离，导致发展目的与手段本末倒置。虽然带来物质财富生产力的跃升，但必然会破坏"人与自然"的关系，进而带来危机。正如恩格斯所指出的："我们不要过分陶醉于我们人类对自然界的胜利。对于每一次这样的胜利，自然界都对我们进行报复。"

"十四五"时期，构建新发展格局是关系我国发展全局的重大战略任务。必须深刻认识到，深入实施可持续发展战略、加强生态文明建设是推动经济高质量发展的必然要求和应有之义，为经济高质量发展提供重要保障。深入实施可持续发展战略为构建新发展格局提供了更长远、更宏观的方向性引领，不仅有助于从初始时避免扩大内需过程中跑偏走样、重蹈先污染后治理的覆辙，而且能够以绿色低碳的发展理念，打通生产、分配、流通、消费各个环节的堵点，平衡发展与保护的关系，进一步畅通国民经济循环体系的血脉。

[知识链接]

可持续发展目标（SDGs）

2015 年 9 月，联合国可持续发展峰会成功举行。峰会通过了《2030 年可持续发展议程》，为其后 15 年世界各国的发展和国际发展合作指明了方向，勾画了蓝图。

该议程包括 17 项可持续发展目标（Sustainable Development Goals,SDGs）和 169 项具体目标，致力于通过协同行动消除贫困，保护地球并确保人类享有和平与繁荣。这些目标建立在千年发展目标所取得的成就之上，增加了气候变化、经济不平等、创新、可持续消费、和平与正义等新领域。这些目标相互联系，一个目标实现的关键往往依赖于其他目标相关问题的解决。

17 项可持续发展目标包括：

目标 1.在全世界消除一切形式的贫困

目标 2.消除饥饿，实现粮食安全，改善营养状况和促进可持续农业

目标 3.确保健康的生活方式，促进各年龄段人群的

福祉

目标 4. 确保包容和公平的优质教育，让全民终身享有学习机会

目标 5. 实现性别平等，增强所有妇女和女童的权能

目标 6. 为所有人提供水和环境卫生并对其进行可持续管理

目标 7. 确保人人获得负担得起的、可靠和可持续的现代能源

目标 8. 促进持久、包容和可持续的经济增长，促进充分的生产性就业和人人获得体面工作

目标 9. 建造具备抵御灾害能力的基础设施，促进具有包容性的可持续工业化，推动创新

目标 10. 减少国家内部和国家之间的不平等

目标 11. 建设包容、安全、有抵御灾害能力和可持续的城市和人类住区

目标 12. 采用可持续的消费和生产模式

目标 13. 采取紧急行动应对气候变化及其影响

目标 14. 保护和可持续利用海洋和海洋资源以促进可持续发展

目标 15. 保护、恢复和促进可持续利用陆地生态系统，可持续管理森林，防治荒漠化，制止和扭转土地退化，遏制生物多样性的丧失

目标 16. 创建和平、包容的社会以促进可持续发展，让所有人都能诉诸司法，在各层级建立有效、负责和包容的机构

目标 17. 加强执行手段，重振可持续发展全球伙伴
关系

二、构建生态文明体系，根据我国资源环境条件加快推动绿色低碳发展

当前，我国以重化工为主的产业结构、以煤为主的能源结构、以公路货运为主的运输结构没有根本改变，单位国内生产总值能耗仍是世界平均水平的 1.5 倍，资源环境的承载能力已经接近或超过极限，发展与保护的长期矛盾和短期问题交织。对标"十四五"目标和 2035 年远景目标要求，必须从意识到行动、从生产到生活，全方位推动经济社会向绿色低碳可持续发展方向转型，以构建生态文明体系为根本路径，加快形成节约资源和保护环境的产业结构、生产方式、生活方式、空间格局，坚定不移走生态优先、绿色低碳的高质量发展道路。

（一）加快构建生态文化体系，培育绿色低碳生活方式和消费模式

推动全社会绿色低碳发展，既是经济发展方式的转变，更是思想观念的一场深刻变革。党的十八大以来，生态文明理念日益深入人心，社会公众的低碳环保意识逐步增强，但与形成自觉行动仍有一定差距，更多表现为"认同高、认知低、践行度不足"，绿色消费观念和行为尚未真正形成，奢侈性、浪费性和过度超前性消费依

然存在。《公民生态环境行为调查报告 2020》显示，公众高度认可绿色消费的重要性，但只有五成受访者经常做到绿色消费，且在购买绿色产品、少购买使用一次性用品、改造利用或交流捐赠闲置物品等各类绿色消费领域调查结果均不理想。

"取之有度，用之有节"，是生态文明的真谛。要加快建立健全以生态价值观念为准则的生态文化体系，弘扬"一粥一饭，当思来处不易；半丝半缕，恒念物力维艰"等中华文明中丰富且优秀的传统生态文化，通过文化的力量推动生活方式和消费模式向勤俭节约、绿色低碳、文明健康的方向转变，强化需求侧的绿色牵引作用。加强宣传教育引导，积极组织开展全国节能宣传周、全国低碳日、世界环境日等主题宣传和丰富多样的主题实践，充分利用生态环境科普基地开展绿色低碳宣传、教育、巡展等活动，增强全民节约意识、环保意识、生态意识。积极倡导简约适度、绿色低碳的生活方式，反对奢侈浪费和不合理消费，大力推行垃圾分类，鼓励绿色出行，营造绿色低碳生活新时尚。不断完善绿色产品推广机制，扩大低碳绿色产品供给，扩大绿色低碳消费市场。持续深入开展节约型机关、绿色家庭、绿色学校、绿色社区和绿色出行等创建行动，选树"绿色生活"榜样模范，创新激励机制。倡导人人爱绿植绿护绿的文明风尚，把建设美丽中国转化为全体人民自觉行动。

（二）加快构建生态经济体系，大力发展绿色经济

新中国成立 70 多年来，我国经济实现了跨越式发展，用不到半个世纪走过发达国家两三百年的工业化历程，创造了世所罕见的经济快速发展奇迹，但过多依赖增加物质资源消耗、过多依赖规模粗放扩张、过多依赖高能耗高排放产业的发展模式不可持

续。构建新发展格局，就是要构建支撑我国经济增长的内生新动力，减少经济增长对碳密集和污染型产业的路径依赖，努力提供更多优质生态产品以满足人民日益增长的优美生态环境需要，以绿色作为培育新动能的突破口，在国际绿色低碳竞争中赢得优势，不断增加我国绿色发展韧性、持续性、竞争力。

要紧紧围绕"产业＋生态"和"生态＋产业"，加快构建以产业生态化和生态产业化为主体的生态经济体系，提升绿色供给水平。一方面，抓住产业结构调整这个关键，大力推动产业生态化。严格控制高耗能、高排放行业新增产能，不符合要求的高耗能、高排放项目要坚决减下来，加快推动传统产业绿色化转型升级。大力发展绿色低碳产业，推动战略性新兴产业、高技术产业、现代服务业加快发展，培育壮大绿色发展新动能。构建市场导向的绿色技术创新体系，支持绿色低碳技术创新成果转化，促进绿色技术创新。全方位全过程推行绿色规划、绿色设计、绿色投资、绿色建设、绿色生产、绿色流通、绿色生活、绿色消费，加快建立绿色低碳循环发展经济体系。另一方面，坚持资源优势与产业特色相结合，加快推进生态产业化。立足区域功能定位，构筑特色优势生态产业，因地制宜发展生态农业、生态工业、生态旅游、生态康养等生态经济形态，将生态环境资源变成拥有市场空间的生态产品与服务。

（三）加快构建目标责任体系，建立健全绿色低碳管理机制

构建新发展格局是应对新发展阶段机遇和挑战、贯彻新发展理念的战略选择，决不能以牺牲生态环境为代价去换取一时的经济增长，决不走"先污染后治理"的老路。要严格构建以改善生态环境质量为核心的目标责任体系，以目标责任作为统筹推进生态环境高

水平保护与经济高质量发展的指挥棒，明确目标、明晰责任、狠抓落实，真正推动绿色低碳发展取得扎实成效。近年来，受经济下行压力影响，部分地区在推进绿色低碳发展上存在模糊认识，一些企业重生产轻环保导致超标排放、篡改环境监测数据等行为屡禁不止，大环保格局仍需进一步巩固。

尽快建立健全绿色低碳管理机制，以"十四五"规划中 5 项绿色生态约束性指标为核心（单位国内生产总值能源消耗降低、单位国内生产总值二氧化碳排放降低、地级及以上城市空气质量优良天数比率、地表水达到或好于Ⅲ类水体比例、森林覆盖率），以地方党委和政府及其相关部门为重点，明确权责配置并实施问责。将绿色低碳发展要求纳入各级党委和政府及相关部门的年度目标和工作重点，分解工作目标、任务、责任，签订目标责任书，考核结果作为各级党政领导班子和领导干部综合考核评价、干部奖惩任免的重要依据。完善中央生态环境保护督察制度，推动中央生态环境保护督察向纵深发展，做好省级生态环保督察工作，促使各级党委和政府担负起生态文明建设的政治责任，坚决做到令行禁止，确保中央关于生态文明建设和生态环境保护各项决策部署落地见效。全面实行排污许可制，构建以排污许可制为核心的固定污染源监管制度体系，严格落实《排污许可管理条例》，加强发证后监管工作，强化排污单位责任和义务，引导企业主动担起环境治理主体责任，形成主动治污格局。

（四）加快构建生态文明制度体系，强化绿色低碳发展法律和政策保障

建立健全生态文明制度体系是全面深化改革的重要内容。要加快形成以治理体系和治理能力现代化为保障的生态文明制度体系，

以解决制约生态文明建设和绿色低碳发展的突出问题为导向，强化制度体系集成协同增效，推动生态文明制度优势切实转化为促进绿色低碳发展的制度效能。目前，我国"四梁八柱"性质的生态文明制度体系基本形成，但改革措施的系统性、整体性、协同性尚未充分有效发挥，生态文明领域统筹协调机制亟待完善，绿色低碳发展的法治化、市场化手段有待加强。

不断提高生态环境治理体系和治理能力现代化水平，健全党委领导、政府主导、企业主体、社会组织和公众共同参与的环境治理体系，构建一体谋划、一体部署、一体推进、一体考核的制度机制，建立地上地下、陆海统筹的生态环境治理制度。坚持依法治污，建立健全覆盖水、气、声、渣、光等各种环境污染要素的法律规范，积极推进生物多样性保护等重点领域法律法规制度修订，开展生态环境领域法律法典化研究，促进生态环境法律制度衔接协调。强化绿色低碳发展政策导向，充分运用好促进绿色低碳发展的财税、补贴、价格、保险等经济政策，完善节能、可再生能源、循环经济、环境保护等相关政策，创新促进绿色低碳发展的配套政策和市场机制。健全自然资源有偿使用制度，创新完善自然资源开发、污水垃圾处理、用水用能等价格形成机制。大力发展绿色金融。健全生态保护补偿机制，建立健全生态产品价值实现机制，继续开展国家生态文明建设示范市县和"绿水青山就是金山银山"实践创新基地创建，探索更多制度改革创新路径。

（五）加快构建生态安全体系，筑牢绿色低碳发展的基础底线

构建以国内大循环为主体、国内国际双循环相互促进的新发

展格局，一个重要着力点就是要牢牢守住安全发展这条底线，这是构建新发展格局的重要前提和保障，也是畅通国内大循环的题中应有之义。生态安全是经济安全的基本保障。人类历史上因生态退化、环境恶化和自然资源枯竭导致经济衰退、文明消亡的现象屡见不鲜，要实现经济可持续发展，必须守好生态环境安全底线。要通过建立健全以生态系统良性循环和环境风险有效防控为重点的生态安全体系，降低生产、流通、消费等经济各环节产生的环境风险防控压力，减少突发环境事件，防范化解环境健康风险和环境社会风险，不断降低核与辐射安全风险，推动经济体系平稳有序向绿色低碳转型。

强化国土空间规划和用途管控，落实生态保护、基本农田、城镇开发等空间管控边界，实施主体功能区战略，划定并严守生态保护红线。充分运用"三线一单"统筹优化产业及能源生产力布局，调整不符合碳排放要求的产业布局、规模和结构，强化国土空间开发绿色低碳约束。严格核与辐射安全监管，推动省级核安全工作协调机制建设，完善核与辐射安全法规标准体系和管理体系，提高核安全治理现代化水平。注重严密防控环境风险，提升危险废弃物监管，强化重点区域、重点行业重金属污染监控预警，健全有毒有害化学物质环境风险管理体制。

三、持续改善环境质量，提升生态系统质量和稳定性，全面提高资源利用效率，建设人与自然和谐共生的现代化

习近平总书记强调，绿色发展注重的是解决人与自然和谐问题。建设人与自然和谐共生的现代化，必须完整、准确、全面贯彻新发

[知识链接]

中央生态环境保护督察制度

中央生态环境保护督察制度是改革开放40年我国重大制度改革措施之一。2015年12月从河北试点开始，到2018年，实现对全国31个省（区、市）和新疆生产建设兵团第一轮督察全覆盖，并分两批对20个省（区）开展"回头看"。2019年，第二轮中央生态环境保护督察启动，按照《中央生态环境保护督察工作规定》，在督察地方基础上，启动对承担重要生态环境保护职责的国务院有关部门和生产经营活动对生态环境影响较大中央企业的督察。截至2021年10月，第二轮前四批督察已完成对22个省（区、市）、6家央企和2个部门督察。两轮督察共受理转办群众信访举报问题26.5万余件，绝大多数已办结或阶段办结，核实一批不作为、慢作为，不担当、不碰硬，甚至敷衍应对、弄虚作假等形式主义、官僚主义问题，曝光典型案例227个，发挥了很好的警示震慑作用。

展理念，以经济社会发展全面绿色转型为引领，坚持节约资源和保护环境的基本国策，坚持节约优先、保护优先、自然恢复为主的方针，统筹污染治理、生态保护，促进生态环境持续改善，以生态环境高水平保护推动经济高质量发展。

（一）以改善生态环境质量为核心，深入打好污染防治攻坚战

党的十八大以来，我国生态环境保护进入了认识最深、力度最大、进展最快、成效最好的时期，"十三五"规划纲要确定的生态环境9项约束性指标和污染防治攻坚战阶段性目标任务圆满完成。2020年全国地级及以上城市空气质量优良天数比率为87%；细颗粒物（$PM_{2.5}$）未达标地级及以上城市平均浓度相比2015年下降28.8%；全国地表水优良水质断面比例提高到83.4%；劣V类水体比例下降到0.6%。人民群众身边的蓝天白云、清水绿岸明显增多，人民群众获得感、幸福感、安全感显著增强。虽然近年来我国污染治理取得明显成效，但生态环境质量改善从量变到质变拐点还没有到来，现阶段生态环境改善总体上仍处于中低水平上的提升。337个地级以上城市$PM_{2.5}$仅有62.9%达标，我国城市空气质量总体上仍未摆脱"气象影响型"，在不利气象条件下，重污染天气仍有发生；城市黑臭水体距离长治久清还需加倍努力，农业农村污水处理亟待加强，噪声、油烟等污染问题不断增多，与人民群众的期待还有不小差距。

深入打好污染防治攻坚战是党的十九届五中全会作出的重大战略部署。促进生态环境质量持续改善，必须深入打好污染防治攻坚战。"深入"意味着触及的矛盾和问题层次更深、领域更宽，对生态环境质量改善的要求更高。把握好新发展阶段环境治理的特点，顺应污染防治攻坚战由"坚决打好"向"深入打好"的重大转变，保持力度、延伸深度、拓宽广度，突出精准治污、科学治污、依法治污"三个治污"，实现减污降碳协同效应。精准治污是目标和要求，科学治污是基础，依法治污是手段。在精准治污方面，做到问

题、时间、区域、对象、措施"五个精准";在科学治污方面,遵循客观规律,强化对环境问题成因机理及时空和内在演变规律研究,科学安排任务量和时序进度,切实提高治污科学性、系统性和有效性;在依法治污方面,坚持依法行政、依法推进、依法保护,以法律武器治理环境污染,用法治力量保护生态环境。

集中攻克老百姓身边的突出生态环境问题,让老百姓实实在在感受到生态环境质量改善。在大气治理方面,强化多污染物协同控制和区域协同治理,加强细颗粒物和臭氧协同控制,大幅降低细颗粒物浓度,有效控制臭氧污染,大幅减少氮氧化物和挥发性有机物排放,基本消除重污染天气。在水体治理方面,统筹水资源、水环境、水生态治理,有效保障居民饮用水安全,推进城镇污水管网全覆盖,基本消除城市黑臭水体;推进美丽河湖、美丽海湾建设,逐步恢复水生态功能。在土壤污染治理方面,有效管控农用地和建设用地土壤污染风险,加强危险废物医疗废物收集处理,实施垃圾分类和减量化、资源化,重视新污染物治理,加强白色污染治理,保障土壤环境安全。要推动污染治理向乡镇、农村延伸,强化农业面源污染治理,明显改善农村人居环境。

(二)统筹山水林田湖草沙系统治理,提升生态系统质量和稳定性

生态是统一的自然系统,是相互依存、紧密联系的有机链条。山水林田湖草沙之间互为依存,相互激发活力,其中某一成分变化过于剧烈会引起一系列连锁反应,导致整个生态失去平衡。提升生态系统质量和稳定性,维护生态平衡和生态服务功能,要坚持系统观念,从生态系统整体性和流域系统性出发,追根溯源、系统施策、

靶向治疗，更加注重综合治理、系统治理、源头治理，统筹山水林田湖草沙一体化保护和系统治理。以水环境治理为例，只有全面统筹左右岸、上下游、陆上水上、地表地下、河流海洋、水生态水资源、污染防治与生态保护，方能达到系统治理的最佳效果。

"十三五"期间，全国整治修复岸线 1200 公里，滨海湿地 2.3 万公顷，新增湿地面积 300 多万亩，湿地保护率超过了 50%。累计完成治理沙化和石漠化土地 1.8 亿亩，石漠化面积比 2011 年减少了 16.1%。积极推进大规模国土绿化行动，稳步推进 25 个山水林田湖草生态保护修复试点工程建设，扎实推动生物多样性保护重大工程。先后组织命名四批 262 个国家生态文明建设示范市县和 87 个"绿水青山就是金山银山"实践创新基地。截至 2020 年底，全国森林覆盖率达到 23.04%，森林蓄积量超过 175 亿立方米，连续 30 年保持"双增长"；草原综合植被盖度达到 56.1%，比 2015 年提高 2.1 个百分点；各级各类自然保护地达 1.18 万处，保护面积占陆域国土面积的 18%；初步划定的生态保护红线面积约占陆域国土面积的 25% 以上。虽然生态系统质量和稳定性不断提升，但局部区域生态退化问题仍比较突出，生物多样性下降的总趋势尚未得到有效遏制。

生态环境修复和改善是一个需要付出长期艰苦努力的过程，不可能一蹴而就，必须坚持不懈、久久为功。提升生态系统质量和稳定性，要强化国土空间规划和用途管控，落实生态保护、基本农田、城镇开发等空间管控边界，实施主体功能区战略，划定并严守生态保护红线。加快构建以国家公园为主体的自然保护地体系，完善自然保护地、生态保护红线监管制度，深入开展"绿盾"自然保护地强化监督。建立健全生态产品价值实现机制，让保护修复生态环境

河北正定南水北调生态美

获得合理回报，让破坏生态环境付出相应代价。科学推进荒漠化、石漠化、水土流失综合治理，开展大规模国土绿化行动。推行草原森林河流湖泊休养生息，实施好长江十年禁渔，健全耕地休耕轮作制度。实施生物多样性保护重大工程，强化外来物种管控，建立全国生物多样性监测网络，开展生物多样性关键区保护示范工作，推动生物多样性保护立法。完善生态监测评估体系和生态监测网络。持续推进生态文明示范建设。

（三）坚持节约优先、保护优先，全面提高资源利用效率

"十三五"时期，全国新增建设用地总量控制在3256万亩以内，单位国内生产总值建设用地使用面积下降20%。单位国内生产总值水资源消耗2018年比2015年下降29.8%。海洋生物、能

源和海水资源可持续利用取得积极进展，矿产资源开发利用水平持续提升。2020年，我国煤炭消费量占能源消费总量的56.8%，比2013年下降10.6个百分点。清洁能源占能源消费比重达到24.3%，光伏、风能装机容量、发电量均居世界首位。资源能源利用效率大幅提升，同时自然资源过度开发利用现象依然存在。2018年我国万元国内生产总值能耗为0.52吨标准煤，明显高于世界平均水平；2017年万元工业增加值用水量为45.6立方米，是世界先进水平的2倍。资源过度开发利用必然导致生态环境破坏和生态系统退化。

全面提高资源利用效率，一方面要抓住资源利用这个源头，推进总量管理、科学配置、全面节约、循环利用，建立健全绿色低碳循环发展的经济体系，使发展建立在高效利用资源、严格保护生态环境的基础上，促进经济社会发展全面绿色转型。另一方面要大力节约集约利用资源，推动资源利用方式根本转变，加强全过程节约管理，大幅降低能源、水、土地消耗强度，减少资源粗放利用对生态环境的破坏。

实现资源利用效率全面提高，要健全自然资源资产产权制度和法律法规，建立自然资源权利体系，推动国有森林、草原、农用地有偿使用改革。加强自然资源调查评价监测和确权登记，建立以地下资源层、地表基质层、地表覆盖层和管理层为基础的自然资源调查监测体系，系统开展全国自然资源统一调查监测评价。坚持最严格的耕地保护和节约用地制度，科学确定土地分类标准，减少地类内部交叉。实施国家节水行动，建立水资源刚性约束制度，严格用水总量控制，加强水资源优化配置和统一调度。科学合理有序开发海洋资源，建立健全矿业节约集约技术规范标准体系，完善绿色

河北承德塞罕坝云雾美如画

勘查和绿色矿山建设标准，提高海洋资源、矿产资源开发保护水平。完善资源价格形成机制，健全主要由市场决定价格的机制，完善自然资源价格和税费政策，加大对节地、节水、节能、节矿的经济调节作用。实施资源循环利用重大工程，促进煤矸石、粉煤灰、尾矿、冶炼渣、工业副产石膏、建筑垃圾等大宗固体废物绿色、高效、规模化利用，加快构建废旧物资循环利用体系，促进再生资源回收体系建设与生活垃圾分类相衔接，提升再生资源回收利用力度和质量。

四、积极参与和引领应对气候变化等生态环保国际合作

构建新发展格局是适应我国新发展阶段要求、塑造国际合作和竞争新优势的必然选择。我国要从绿色发展中寻找发展的机遇和动

力，持续深入参与全球环境治理，以大国担当推动维护开放型世界经济和稳定的全球产业链，推动疫情后世界经济"绿色复苏"，推动构建人与自然生命共同体。

（一）我国已成为全球生态文明建设重要参与者、贡献者、引领者

生态文明建设关乎人类未来，建设绿色家园是人类的共同梦想。从签署并全面履行《联合国气候变化框架公约》到推动达成气候变化《巴黎协定》，从大力推进绿色"一带一路"建设到深度参与全球生态环境治理，我国已加入 50 多个与生态环境有关的国际公约、议定书，同 100 多个国家开展生态环境国际合作与交流，与 60 多个国家、国际及地区组织签署约 150 项生态环境保护合作文件，积极承担与发展水平相适应的国际责任，为建设一个清洁美丽的世界砥砺前行。

坚定不移履行公约义务，为全球环境治理提供中国方案。我国切实履行气候变化、生物多样性等环境相关条约义务，提前完成 2020 年应对气候变化和设立自然保护区相关目标。过去 10 年，森林资源增长面积超过 7000 万公顷，居全球首位。卫星图像显示，2000 年以来，全球新增绿化面积的 1/4 来自中国。长时间、大规模治理沙化、荒漠化，有效保护修复湿地，生物遗传资源收集保藏量位居世界前列。90% 的陆地生态系统类型和 85% 的重点野生动物种群得到有效保护。我国一批生态环境治理经验获得国际社会的充分肯定和广泛赞誉，"三北"防护林工程被联合国环境规划署确立为全球沙漠"生态经济示范区"，塞罕坝林场建设者、浙江省"千村示范、万村整治"工程等先后荣获联合国环保最高荣誉"地球卫士

奖"，"绿色发展""生态文明"等被写入联合国文件，等等。联合国环境规划署发布《北京二十年大气污染治理历程与展望》评估报告，认为北京在大气环境质量改善方面取得了令人瞩目的成效，世界上没有其他城市或者区域能够在这么短的时间内取得这样好的成绩，其中有很多经验做法值得学习和借鉴。

有力推动绿色"一带一路"建设，凝聚全球环境治理合力。共建"一带一路"是开放之路，也是绿色之路。共建"一带一路"倡议提出 8 年来，我国在加强自身生态文明建设的同时，积极同"一带一路"共建国家一道打造"绿色丝绸之路"，为落实 2030 年可持续发展目标注入新动力。我国先后发布《对外投资合作环境保护指南》《推动共建丝绸之路经济带和 21 世纪海上丝绸之路的愿景与行动》《关于推进绿色"一带一路"建设的指导意见》《"一带一路"生态环境保护合作规划》等系列政策文件，不断强化共建"一带一路"框架下生态环境保护合作。推动共建"一带一路"可持续城市联盟、绿色发展国际联盟，组建"一带一路"绿色发展国际研究院，建设"一带一路"生态环保大数据服务平台，持续实施绿色丝路使者计划，累计为 120 多个国家培训环境官员、研究学者和技术人员 2000 余人次。通过开展绿色基建、绿色能源、绿色交通、绿色金融等一系列合作举措，持续造福参与共建"一带一路"的各国人民。

（二）应对气候变化事关中华民族永续发展，是构建人类命运共同体的重要任务

虽然保护生态环境已经逐步成为国际共识，但全球生态环境治理仍面临巨大挑战，自然变迁与气候变化是人类面临的最严峻长

期威胁。环球同此凉热，人与自然命运与共。全球气候变化深刻影响着人类生存和发展，带给人类现实、严峻、长期的挑战。政府间气候变化专门委员会（IPCC）组织全球科学家以1850—1900年工业化前的温度作为参考基准，测算了全球变暖的程度。科学证明，2006—2015年十年间，全球气候变暖达到0.87℃，如果继续以这种速度变暖，到2040年左右将达到1.5℃，到2100年前，全球海平面将上升26—77厘米，全球生活在海拔低于10米低海拔沿海地区的6亿多人口将受到威胁。人类健康、生计、粮食安全、水供应、安全和经济增长也都将面临巨大风险。因此，应对气候变化是人类共同的事业，任何一国都无法置身事外，要团结一心，开创合作共赢的气候治理新局面，共同呵护好地球家园。

习近平总书记多次强调，应对气候变化不是别人要我们做，而是我们自己要做，这既是我国可持续发展的内在要求，也是负责任大国应尽的国际义务。应对气候变化本质上是一场发展观的深刻变革，是满足人民对美好生活向往的必然要求，是为子孙后代留下生存根基的重要路径。中华民族生生不息，必须要有生态环境保障。积极应对气候变化，在绿色转型过程中努力实现社会公平正义，不断增强人民获得感、幸福感、安全感，是实现第二个百年奋斗目标的题中之义，也是实现中华民族伟大复兴中国梦的重要内容。

（三）我国始终高度重视应对气候变化工作

党的十八大以来，我国将应对气候变化全面融入国家经济社会发展战略，在目标、政策、行动上都取得了重要突破。习近平总书记出席和参与重大气候外交活动，为《巴黎协定》达成、签署、生效和实施作出历史性贡献。我国倡议二十国集团发表首份气候变化问题主席声明，率先签署《巴黎协定》，为国际气候变化合作提供强有力的政治支撑。2020 年 9 月 22 日，习近平总书记在第七十五届联合国大会一般性辩论上正式宣布，中国将提高国家自主贡献力度，二氧化碳排放力争在 2030 年前达峰、努力争取 2060 年前实现碳中和。这是我国基于推动构建人类命运共同体的责任担当和实现可持续发展的内在要求作出的重大战略决策，彰显了我国应对气候变化的力度和雄心。

截至 2020 年底，我国单位 GDP 二氧化碳排放较 2005 年降低约 48.4%，超额完成下降 40%—45% 的目标，扭转了二氧化碳快速增长的局面。我国实现经济社会发展与碳排放初步脱钩，基本走上一条符合国情的绿色低碳循环高质量发展道路。实践证明，气候行动不但不会阻碍经济发展，而且有利于提高经济发展质量，培育带动新产业和新市场，扩大就业，改善民生，保护环境，提高人民健康水平，实现协同发展。

此外，我国在控制非二氧化碳温室气体排放方面也取得了积极成效。制定控制非二氧化碳温室气体排放相关目标和措施，《强化应对气候变化行动——中国国家自主贡献》提出要逐渐减少二氟一氯甲烷受控用途的生产和使用，到 2020 年在基准线水平（2010 年产量）上产量减少 35%、到 2025 年减少 67.5%，三氟甲烷排放到 2020 年得到有效控制。推进农业低碳发展，控制稻田甲烷和农田氧化亚氮排放等。

我国秉持"授人以渔"理念，通过多种形式南南务实合作，尽己所能帮助发展中国家提高应对气候变化能力。从非洲的气候遥感卫星，到东南亚的低碳示范区，再到小岛国的节能灯，我国应对气候变化南南合作成果看得见、摸得着、有实效。

（四）广泛深入开展碳达峰、碳中和行动

2021 年 4 月 22 日，习近平总书记在"领导人气候峰会"上再次强调碳达峰碳中和目标愿景。实现碳达峰、碳中和是我国向世界作出的庄严承诺，也是一场广泛而深刻的经济社会变革，绝不是轻轻松松就能实现的。我国仍处于工业化和城镇化进程中，经济发展和民生改善的任务还很重，能源结构偏煤、产业结构偏重，从碳达峰到碳中和时间比发达国家缩短了一半左右。从存量看，当前我国煤炭和石油消费分别高达 40 亿吨和 7 亿吨左右，未来三四十年间全部实现从能源生产供应系统到能源消费重点行业以及重大基础设施脱碳化升级改造是一个空前挑战。从增量看，到 2050 年全面实现现代化各项目标任务，经济发展和民生保障服务仍然需要有较大新增能源需求支撑。实现碳达峰、碳中和是一场硬仗，也是对我们党治国理政能力的一场大考。

全党全社会要坚定不移贯彻新发展理念，坚持系统观念，处理好发展和减排、整体和局部、短期和中长期的关系，以经济社会发展全面绿色转型为引领，以能源绿色低碳发展为关键，加快形成节约资源和保护环境的产业结构、生产方式、生活方式、空间格局，坚定不移走生态优先、绿色低碳的高质量发展道路。要坚持全国统筹，强化顶层设计，发挥制度优势，压实各方责任，根据各地实际分类施策。要把节约能源资源放在首位，实行全面节约战略，倡导简约适度、绿色低碳生活方式。要坚持政府和市场两手发力，强化科技和制度创新，深化能源和相关领域改革，形成有效激励约束机制。要加强国际交流合作，有效统筹国内国际能源资源。要加强风险识别和管控，处理好减污降碳和能源安全、产业链供应链安全、

粮食安全、群众正常生活的关系。

要将碳达峰、碳中和纳入生态文明建设整体布局，支持有条件的地方和重点行业、重点企业率先达峰。严控煤电项目，"十四五"时期严控煤炭消费增长、"十五五"时期逐步减少。参与并落实《〈蒙特利尔议定书〉基加利修正案》，加强非二氧化碳温室气体管控，启动全国碳市场上线交易。要抓好"十四五"这一关键期、窗口期，切实把思想和行动统一到党中央的决策部署上来，以抓铁有痕、踏石留印的劲头，做好碳达峰、碳中和工作，推动实现经济社会发展全面绿色转型。

[知识链接]

碳达峰

碳排放达到峰值后不再增长，实现稳定或开始下降。

碳中和

通过植树造林、节能减排等形式，抵消自身产生的二氧化碳排放，使碳净排放量为零。根据IPCC特别报告《全球升温1.5℃》，术语碳中和（Carbon neutrality）的定义与净零CO_2排放量（Net-zero CO_2 emissions）一致。净零CO_2排放量是指当一定时期内通过人为二氧化碳移除使得全球人为二氧化碳排放量达到平衡时，可实现净零二氧化碳排放。二氧化碳移除是指人为活动从大气中移除二氧化碳，并将其持久地储存在地质、陆地或海洋、水库或产品中，其中包括现有和潜在的人为增强生物或地球化学汇和直接空气捕获和封存，但不包括不直接由人类活动引起的自然二氧化碳吸收。

气候中性

当一个组织的活动对气候系统没有产生净影响时，就是气候中性，包含一个组织对气候全方位的影响（例如：地球物理效应，大气辐射等）。

延伸阅读

1. 中共中央文献研究室编：《习近平关于社会主义生态文明建设论述摘编》，中央文献出版社2017年版。

2. 习近平：《建设美丽中国》，《习近平谈治国理政》第二卷，外文出版社2017年版。

3. 中共中央组织部组织编写：《贯彻落实习近平新时代中国特色社会主义思想在改革发展稳定中攻坚克难案例·生态文明建设》，党建读物出版社2019年版。

第十二讲
推动扩大就业和提高人民生活品质

就业是民生之本，收入是民生之源。党的十九届五中全会明确提出实现更加充分更高质量就业、居民收入增长和经济增长基本同步的新目标，提出强化就业优先政策、提高人民收入水平等一系列新举措，为做好新发展格局下就业和收入分配工作提供了重要指引。

一、扩大就业对构建新发展格局意义重大

习近平总书记指出，就业是最大的民生工程、民心工程、根基工程。就业不仅是劳动者生存的经济基础，也是其融入社会、共享发展成果的前提。我们必须充分认识就业工作的极端重要性，坚持民生为本、就业优先，毫不动摇地推动扩大就业工作，努力实现更加充分更高质量就业。

扩大就业是提高人民收入、改善民生福祉的重要基础。就业是劳动者及其家庭生存和发展的必要条件，是人民群众最关心最直接最现实的利益问题。一个家庭如果没有就业、没有收入，就无法保

障基本生活，更谈不上家庭幸福和实现人的全面发展。同时，因就业形成的劳动关系是最基本、最主要的社会关系，实现就业是劳动者融入社会、实现人生价值、获得社会尊重的重要途径。

扩大就业是畅通经济循环、推动经济发展的基本条件。劳动力作为最积极、最活跃的生产要素，只有通过就业与生产资料结合，才能为社会发展提供物质基础、有效促进经济增长。劳动者有就业就有收入来源，就能形成购买力，产生消费需求；实现更高质量的就业，就能提高收入水平，激活高水平的消费潜力。因此，就业作为重要节点，连接着生产、消费、流通各个环节，也决定着供给与需求两端，是打通国内大循环、促进国民消费提质升级、加速构建新发展格局的根本基础。

扩大就业是激活市场潜力、充分发挥人力资源作用的根本支撑。第七次全国人口普查数据显示，我国人口总量达到 14 亿多人，15—59 岁人口超过 8.9 亿。庞大的人口规模意味着强大的消费能力，也是国家发展的巨大潜力。做好就业工作，扩大就业规模，提高就业质量，有利于充分开发、利用好这一资源优势。"十三五"时期，我国就业工作取得积极进展，就业局势保持总体稳定，城镇新增就业 6564 万人，城镇登记失业率、调查失业率都维持在较低水平，就业的产业结构、区域结构不断优化，高校毕业生等重点群体就业保持稳定，劳动者素质不断提高，成为民生改善的坚实基础、经济发展的基本支撑、社会和谐稳定的"压舱石"。进入新发展阶段、贯彻新发展理念、构建新发展格局，迫切需要充分开发和合理利用人力资源，充分调动城乡劳动者积极性，激发社会活力和创造力，实现从人口红利向人才红利转变，不断厚植经济社会发展的动能和潜力。

二、在构建新发展格局中扩大就业容量、提升就业质量

经济增长是扩大就业的基础，合理的经济产业结构是扩大就业容量、提升就业质量的关键。构建新发展格局，要更加注重生产要素之间的匹配，更加注重经济发展与就业增长的良性互动。

构建有利于扩大就业的现代化经济体系。把促进就业摆在经济社会发展的优先位置，加强财政、金融、产业等政策与就业的协调，在发展现代产业体系、优化产业布局中，优先发展吸纳就业能力强的产业，在结构调整和转型升级中，要更加注重与扩大就业规模、改善就业结构、提升就业质量的紧密衔接。支持农村一二三产业融合，培育特色种植、规模养殖、农产品加工等产业，拓宽农村就业渠道。推动制造业优化升级，支持先进制造业创新发展，稳妥推进传统制造业改造提升，完善绿色制造体系，在制造业高质量发展中实现就业扩量提质。促进服务业繁荣发展，推动研发设计、供应链金融、人力资源、现代物流等生产型服务业向专业化和价值链高端延伸，加快健康养老、家政服务、文化旅游等生活性服务业品质化发展，实现就业提档升级。推动中小微企业提升专业化优势，加大专精特新"小巨人"企业培育力度，建设中小企业信息、技术、进出口和数字化转型综合性服务平台，支持中小微企业发展吸纳就业。

推动区域协调发展促进劳动力有序流动。深入实施区域重大战略，在推动京津冀协同发展、长江经济带发展、粤港澳大湾区建设等战略中，提升区域引领发展、带动就业能力。深入实施区域协调发展战略，引导中西部地区有序承接产业转移，推动资源性地区和

老工业基地转型发展，引导劳动力在区域间有序流动。促进城乡融合发展，加快农业转移人口市民化，鼓励地方政府面向农民工提供均等化的住房、子女教育、公共卫生等基本公共服务，推进跨区域劳务协作，创造公平稳定就业环境。用好国际市场，实施"走出去"战略，大力推进"一带一路"建设，搭建对外劳务合作服务平台，免费提供咨询、培训等服务，做好安全权益保护等工作。

支持创业创新带动就业。创业对促进就业具有倍增效应，有关研究显示，平均1个人创业能带动6个人实现就业。鼓励创业创新，必须持续优化市场环境，深入推进"放管服"改革，破除或降低各种行业和职业进入门槛，在保护产权、维护公平、改善金融支持、强化激励机制等方面发挥积极作用，创造公平市场竞争环境、培育市场化的创新机制，为企业和劳动者获得创业资源和机会提供制度保障。健全政策体系，不断完善具有差异的、针对性强的多层次创业政策支持体系，加大初创实体支持力度，提供场地支持、租金减免、税收优惠、创业补贴等政策扶持，提高示范性创业孵化基地和创业园区建设水平，提升线上线下创业服务能力。深化创业教育培训，打造培训学习、创业实践、咨询指导、跟踪帮扶等一体化创业培训体系，进一步提升全社会创业创新能力。营造良好氛围，广泛组织创业竞赛、创业论坛等活动，深入推进创业型城市、返乡创业示范县创建，营造尊重创业人才、崇尚创业精神的社会氛围。

支持灵活就业健康发展。灵活就业是就业的重要渠道，是推动经济发展的新途径、激活人力资本的加速器、缓解就业压力的蓄水池。目前，全国灵活就业人员达2亿人，规模大、分布广、群体差异较强。要积极拓宽灵活就业发展渠道，鼓励个体经营，增加非全日制就业机会，支持发展新就业形态，增强社区吸纳就业能力。强化灵活就业权益保障，完善维护新就业形态劳动者劳动保障权益政策措施，开展职业伤害保障试点，推动放开灵活就业人员在就业地参加社保的户籍限制，促进灵活就业人员享受均等化的培训、就业、教育、医疗、住房等基本公共服务。创造灵活就业良好环境，抓紧清理和取消不符合上位法或不合理的收费罚款规定，引导平台企业主动降低服务收费、向商户合理让利。

三、做好重点群体就业工作，以就业促劳动者增收

重点群体稳，就业大局就稳。做好重点群体就业问题，关系收入差距调整，关系改革发展和社会稳定大局。必须带着对人民群众的深厚感情，采取更加有效的举措、更加有力的工作，分类帮扶，因人施策，全力以赴抓好重点群体就业工作，促进各类劳动者就业增收。

把高校毕业生就业作为重中之重。高校毕业生是国家的宝贵财富，解决好他们的就业问题，既关系实现个人价值和家庭幸福，更关乎国家的长远发展和社会和谐稳定。今后一个时期，我国高校毕业生规模仍将保持在高位运行。一方面，要在改善需求上下功夫，推动经济转型升级和高质量发展，创造更多适合毕业生的知识型、技术型、创新型岗位。另一方面，要在优化供给上下功夫，深化高等教育教学改革，大力加强职业教育和职业培训，增强毕业生适应市场和企业实际需要的能力。与此同时，还要扎实推进高校毕业生就业创业工作。健全基层就业激励引导机制，统筹实施基层服务项目，畅通基层成长发展通道，鼓励高校毕业生到中西部地区、艰苦边远地区、中小微企业就业。引领毕业生发挥知识专长和创新潜能，

积极投身"双创"。强化不断线就业服务，多渠道搭建职业指导、职业培训、实习见习平台，推进学籍地、户籍地、求职地服务协同，加强择业就业观念引导，对长期失业青年和困难毕业生实施就业帮扶，帮助毕业生更好择业、更快就业，实现出彩人生。

促进农村劳动力转移就业。农民工是我国工业化、城镇化进程中涌现的一支新型劳动大军，农民工就业为工业增加了竞争力，为城市增加了活力，为农村增加了收入，是推动经济社会发展的重要力量。促进农村劳动力转移就业，有利于推进以人为核心的城镇化，实现改革发展成果共享，巩固脱贫攻坚成果，衔接乡村振兴战略。促进农民工就业方面，要坚持尊重意愿，尊重农民工的自主选择，"宜工则工，宜农则农，宜留则留，宜返则返"。坚持合理引导，畅通就业信息发布渠道，推行"培训、就业、维权"三位一体的服务模式，组织开展"春风行动"，引导有序流动。扎实做好根治欠薪工作，坚持标本兼治、综合治理，以工程建设领域和劳动密集型加工制造、餐饮服务等行业为重点，加强隐患排查、强化监察执法，适时开展专项检查、加大欠薪违法惩治力度，综合运用行政、刑事、信用等惩戒手段，保持对欠薪违法行为的高压震慑态势，保障好农民工的工资权益。坚持平等服务，实行农民工在就业地平等享受就业服务政策，和本地居民一视同仁，公平对待。特别是要做好脱贫人口稳岗就业工作，健全脱贫人口就业帮扶机制，重点围绕优先帮扶、岗位开发、劳务协作加码发力，做好易地搬迁就业帮扶工作。

做好退役军人就业创业工作。促进退役军人就业创业，对于更好实现退役军人自身价值、助力经济发展、服务国防和军队建设具有重要意义。充分挖掘岗位，协调各方资源，加强企业、行业、区域合作，不断拓展岗位供给领域，促进退役军人到民营企业就业，引导退役军人到中西部和东北地区、边疆民族地区及乡村基层就业。鼓励有专长、有条件的退役军人积极创新创业，利用好现有基地、园区开辟退役军人创业专区，提供创业导师指导帮扶。强化教育培训，以提高就业质量为导向，紧密围绕社会需求，不断提升职业技能培训效果。将退役军人培训纳入国家终身职业技能培训政策和组织实施体系，引导积极参加学历教育，探索建立行业教育合作机制。全面推行就业适应性培训，针对性开展心理引导和职业发展规划指导。注重服务引导，设立退役军人就业创业和教育培训台账，强化退役军人服务中心（站）就业服务功能，及时提供针对性服务。

促进失业人员再就业。减少失业，促进失业人员再就业，是各国政府的重要职责。我们作为共产党执政的社会主义国家，解决人民群众的失业问题更是责无旁贷。畅通失业人员求助渠道，健全失业登记、职业介绍、职业培训、职业指导、生活保障联动机制。强化困难人员就业援助，深入摸排发现和认定就业困难人员，建立台账、动态管理，提供"一对一"援助服务。对符合条件的人员，通过税费减免、社保补贴、创业担保贷款等支持政策，鼓励自谋职业、自主创业和企业吸纳。对其中难以通过市场渠道实现就业的，要通过公益性岗位托底安置，确保零就业家庭动态清零。强化兜底保障，加强对失业人员的生活保障，对符合条件人员及时落实失业保险、临时生活补助、社会救助等政策。

四、加速劳动力市场匹配，更好服务经济社会发展，支撑构建新发展格局

公共就业服务是促进市场供需匹配、实施就业失业管理、落实

就业创业政策的重要载体，是世界各国公认的提高劳动力市场运作效益的有效手段。强化职业技能培训是化解就业结构性矛盾的"牛鼻子"。一些劳动者找不到合适的工作，许多企业招不到合适的人，最关键的因素就是劳动者技能与市场需求不匹配。

提升公共就业服务质量。经过多年努力，我国公共就业服务体系逐步健全，截至 2020 年底，全国县（区）以上政府普遍设立了公共就业服务机构，超过 98% 的街道、乡镇建立了服务窗口，每年提供登记招聘、登记求职、职业指导、职业介绍等免费服务超亿人次，为促进市场供需匹配、帮扶困难群体就业提供了强大支撑。以实施提升就业服务质量行动为抓手，持续打造覆盖全民、贯穿全程、辐射全域、便捷高效的全方位公共就业服务体系。用好就业补助等资金，支持劳动力市场、人才市场和零工市场建设，满足社会多元需求，增强人民群众对就业创业工作的获得感。牢牢抓住信息化建设这个"牛鼻子"，建立全国统一的公共就业服务信息系统，大力推进信息互联互通和数据共享，实现供求双方的即时匹配、智能匹配。推进就业服务精准化，根据不同劳动者的自身条件和服务需求，构建精准识别、精细分类、专业指导的服务模式，提供个性化服务措施和解决方案。

促进人力资源服务业发展。人力资源服务业是生产性服务业和现代服务业的重要组成部分，是为劳动者就业和职业发展，为用人单位管理和开发人力资源提供相关服务的专门行业。截至 2020 年底，全国共有各类人力资源服务机构超 4 万家，行业从业人员 84 万人，人力资源服务业全年营业总收入突破 2 万亿元。深入实施人力资源服务业高质量发展行动，培育一批有核心产品、成长性好、竞争力强、具有示范引领作用的行业知名企业，建设一批国家级人力资源服务产业园。打造更加完备齐全的服务产业链，从提供招聘服务、人事代理、劳务派遣等传统产品，向提供人力资源服务外包、高级人才寻访、人才测评等多层次、多类别、多样化产品延伸。提升市场规范化水平，落实《人力资源市场暂行条例》《网络招聘服务管理规定》等，加强事中事后监管，建设人力资源服务机构诚信体系。加强人力资源市场监管，加大监察执法力度，开展清理整顿人力资源市场秩序专项执法行动和劳务中介专项整治行动，依法打击非法职介、就业歧视等各类侵害劳动者就业权益违法违规行为。

大规模开展职业技能培训。技能人才队伍建设至关重要，既是经济发展的重要基础，也是民生改善的重要基础。从国家层面看，建设现代化经济体系，呼唤更多的知识型、技能型、创新型劳动者；就劳动者个人来说，"一技在手、终身受益"，一人成才，全家增收。2019 年，国务院专门拿出 1000 亿元的失业保险基金结余，用 3 年时间实施职业技能提升行动。经过各方努力，这项工作取得积极进展，2020 年我国技能劳动者总量达 2 亿人。做好职业技能培训工作，建设技能人才队伍，要进一步提高培训质量，提升培训层次，加强急需紧缺职业（工种）培训，加快开展新职业培训，适当延长培训时长，提升培训效果和质量。加强职业技能等级认定工作，加大高级工、技师、高级技师评价工作力度。进一步增强培训针对性实效性，强化重点群体就业技能培训和创业培训，精准开展"菜单"式培训和定岗定向培训，持续加大易返贫致贫人口的职业技能培训，加大农村地区致富带头人和未就业高校毕业生等青年群体的创业培训。全面推进中国特色企业新型学徒培养，通过校企合作、工学交替方式，组织新入职、转岗和在岗的技能岗位员工参加企业新型学徒制培训，提升企业技术创新能力和企业竞争力。大力推广职业培训券，优化信息服务，提高劳动者参加培训的便捷性。

五、保障劳动者合法权益，推动实现更高质量就业

全面推进实施劳动合同制度。劳动合同用工是企业基本用工形式，劳动合同制度是我国协调劳动关系的最重要的法律制度之一。督促用人单位与劳动者依法订立劳动合同，对保障劳动者合法权益、促进劳动关系的和谐稳定，具有十分重要的意义。劳动合同法实施以来，各地加大法律法规宣传力度，积极推动企业实行劳动合同制度，制定推广劳动合同示范文本，开展农民工劳动合同签订"春暖行动"、劳动合同制度实施三年行动计划、小企业劳动合同制度实施专项行动等，推动企业与劳动者普遍订立了劳动合同。近年来，针对部分行业、中小企业、农民工群体劳动合同签订率不高的问题，各地以建筑、制造、采矿及商贸、餐饮等行业为重点，通过政策宣传、现场指导以及加强监察执法等方式，引导、督促企业与包括农民工在内的职工依法签订劳动合同，巩固提高劳动合同签订率和履约质量，促进我国劳动关系保持了总体和谐稳定。

推动落实休息休假制度。休息休假制度是保障劳动者休息权、健康权等基础性权利的重要制度。我国的工时制度和休息休假制度对劳动者应享有的休息时间作出了规定。工时制度规定了实行标准工时制的劳动者最长工作时间，明确因工作性质或生产特点限制经批准可以实行特殊工时制度，其中综合计算工时制度在周期内平均工作时间应符合标准工时制度工作时间限制。假期制度规定了劳动者依法应享受的假期，设有法定节假日、带薪年休假、婚丧假、产假等。总的来看，劳动者休息权从制度设计上得到了较好保障。

稳妥推进集体协商制度。集体协商和集体合同制度是我国协

调劳动关系的重要制度机制。推动职工一方与企业一方通过平等协商，就劳动报酬等涉及职工权益的重要事项进行集体协商，对畅通职工诉求表达渠道、健全企业工资决定机制、预防化解劳动纠纷等均具有重要作用。近年来，人力资源社会保障部会同全国总工会、中国企业联合会、全国工商联为推进集体协商工作，先后实施"彩虹计划""攻坚计划"和"稳就业促发展构和谐"行动计划。各地通过加强领导、夯实基础、培树典型、分类指导、行业推进等，推动集体协商工作取得了明显成效。集体协商法规不断完善，截至目前，全国绝大多数地区出台了集体协商地方性法规和政府规章。集体协商机制逐步健全，集体协商制度覆盖面稳步扩大，集体协商实效逐步增强，推动许多企业较好解决了劳动报酬、工作时间、休息休假和劳动安全卫生等涉及职工切身利益的问题，有效增进了职工和企业的利益共同体意识，为稳定劳动关系、提升职工权益水平、促进企业健康发展发挥了积极作用。

规范劳务派遣用工。规范劳务派遣用工是劳动合同规范的一项重要内容，也是劳动合同法实施中遇到的一个重大问题。针对被派遣劳动者合法权益得不到有效保障的问题，2012年劳动合同法进行了修订，明确规定劳动合同用工是我国的企业基本用工形式，劳务派遣用工是补充形式。经营劳务派遣业务，应当依法申请行政许可。按照法律规定，人力资源社会保障部出台了《劳务派遣行政许可实施办法》《劳务派遣暂行规定》。各地积极开展政策宣传，加强对劳务派遣用工的事中事后监管，指导劳务派遣单位依法开展劳务派遣，督促用工单位依法用工，落实同工同酬，保障被派遣劳动者合法权益，劳务派遣用工有所规范。

完善新就业形态劳动者权益保障制度。新就业形态已成为当前劳动者就业的重要方式，但由于平台用工形式和新就业形态劳动者就业方式相对灵活，在实践中大量新就业形态劳动者与平台企业难以直接确认劳动关系纳入现行劳动法律保障范围，新就业形态劳动者权益保障不足的问题日益突出。党中央、国务院高度重视，习近平总书记多次作出重要指示批示。经国务院同意，人力资源社会保障部等八部门制定印发了《关于维护新就业形态劳动者劳动保障权益的指导意见》，明确了平台企业的劳动保护责任。各有关部门各地区相继出台具体实施办法，切实加强新就业形态劳动者的权益保障。

加强劳动人事争议调解仲裁。劳动人事争议调解仲裁制度是中国特色劳动人事争议处理制度的重要组成部分。省级人民政府依法设立劳动人事争议仲裁委员会，专门处理相关争议案件。近年来，全国各级调解仲裁机构遵循"合法、公正、及时、着重调解"以及"保护当事人合法权益"的原则开展劳动人事争议处理，不断提高调解成功率、仲裁终结率、裁审一致率，切实提升调解仲裁工作规范化、标准化、专业化、智能化水平，依法及时有效处理了大量劳动人事争议案件，对于规范用人单位劳动用工管理、引导劳动者维权预期发挥了重要作用，进一步促进了就业质量提升与劳动关系和谐稳定。

依法实施劳动保障监察。报请国务院批准成立国务院根治拖欠农民工工资工作领导小组，推动出台《保障农民工工资支付条例》和配套政策文件，开通全国根治欠薪线索反映平台，在岁末年初等重要时点组织根治欠薪专项执法行动，让农民工能够及时拿到工钱返乡过年。组织实施清理整顿人力资源市场秩序专项行动，重点打击各类就业歧视和其他侵害劳动者就业权益违法行为，为劳动者实现平等就业营造良好市场环境。以超时加班易发多发行业企业为重点，组织有关地方开展超时加班问题集中排查和个案专查，会同最高法院发布工时指导案例，维护劳动者合法权益。

积极应对劳动关系面临的问题。经济形势变化、经济结构调整、中美经贸摩擦、新冠肺炎疫情等均对劳动关系运行带来影响。为促进劳动关系和谐稳定，人力资源社会保障部等积极制定出台去产能过程中职工安置政策、新冠肺炎疫情防控期间劳动关系政策等，指导企业依法妥善处理职工劳动关系，全力稳定劳动关系，积极预防矛盾风险。

六、拓展居民收入增长渠道，推进共同富裕，激活高品质消费潜力

收入分配是改善民生、实现发展成果由人民共享最重要最直接的方式。提高人民收入水平是新发展阶段改善人民生活品质、不断满足人民对美好生活新期待的前提，是贯彻新发展理念的内在要求，是构建强大国内市场、形成新发展格局的现实需要，也是逐步实现全体人民共同富裕发展目标的应有之义。"十三五"时期，城镇非私营单位就业人员年平均工资从 2015 年的 62029 元提高到 2020 年的 97379 元，年均增长 9.4%，扣除价格因素，实际年均增长 7.1%。城镇私营单位就业人员年平均工资，从 2015 年的 39589 元增加到 2020 年的 57727 元，年均增长 7.8%，扣除价格因素，实际年均增长 5.5%。从劳动要素的整体报酬份额看，2016—2018 年，劳动报酬占初次分配总收入的比重稳定保持在 50% 以上。同时，拖欠农民工工资问题高发多发态势得到有效遏制。国家统计局农民工监测调查显示，2020 年末被拖欠工资的农民工比重降至 0.16%，为 2008 年以来最低水平。

"十四五"时期做好企业工资收入分配工作，必须坚持"做大蛋糕"与"分好蛋糕"并重，继续深化工资分配制度改革，健全工

图 12—1 2015—2020 年不同群体年平均工资水平

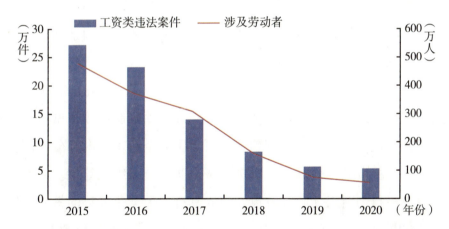

图 12—2 "十三五"以来劳动保障监察工资类违法案件及涉及劳动者情况

资分配宏观调控体系，在发挥市场决定作用同时更好发挥政府作用，努力实现提高劳动报酬在初次分配中的比重，坚持在经济增长的同时实现居民收入同步增长、在劳动生产率提高的同时实现劳动报酬同步提高，不断完善工资分配结构，促进提高低收入群体收入，扩大中等收入群体，更加积极有为地促进共同富裕。

加强工资收入分配宏观调控和指导。完善最低工资制度，健全最低工资标准正常调整机制，保障低收入劳动者合理分享经济社会发展成果。完善工资指导线制度。强化对不同行业、不同群体工资分配的事前指导，探索发布体现不同行业、不同群体特征的薪酬分配指引。加强企业薪酬调查和信息发布，建立完善全国企业工资收入分配大数据系统，为企业合理确定工资水平提供更具针对性的信息引导。

深化企业工资分配制度改革。健全工资决定、合理增长和支付保障机制。积极推行工资集体协商制度，以非公有制企业为重点，提高工资集体协商的实效性，着力增加一线劳动者劳动报酬。完善按劳动、知识、技术、管理等生产要素由市场评价贡献、按贡献决定报酬的机制，鼓励企业创新按要素贡献参与分配的办法，将工资分配与岗位价值、技能素质、实绩贡献、创新成果等因素挂钩，探索协议工资、项目工资、岗位分红权、项目收益分红、股权激励等多种分配形式。巩固国有企业薪酬制度改革成果，深化国有企业工资分配制度改革。开展国有企业职业经理人薪酬制度改革试点，建立国有企业职业经理人薪酬制度。深化国有企业工资内部分配制度改革，完善市场化薪酬分配机制，普遍实行全员绩效管理。完善国有企业科技创新人才激励政策，建立具有市场竞争优势的核心关键人才薪酬制度，推动向作出突出贡献人才和一线关键岗位倾斜。

改革完善事业单位工资制度。落实事业单位工作人员基本工资标准定期调整机制，依据工资调查比较结果，综合考虑国民经济发展、财政状况和物价变动等因素确定调整幅度，优化工资结构，提高工资水平。适应加快创新驱动发展战略和推动实现科技自立自强的要求，推进高校、科研院所薪酬制度改革，进一步扩大工资分配自主权。适应深化人才发展体制机制改革的要求，加大工资分配倾斜力度，逐步形成符合事业单位高层次人才特点、体现高层次人才价值、激发高层次人才活力、规范有序的工资分配激励机制。落实事业单位科研人员职务科技成果转化现金奖励纳入绩效工资管理、不受总量限制、在总量中单列政策，释放科研人员转化科技成果的热情，进一步促进科技成果向现实生产力转化，推动关键核心技术实现重大突破。按照健康中国战略、深化医药卫生体制改革的要求，适应现代医院管理制度需要，深化公立医院薪酬制度改革，建立符合医疗卫生行业特点的公立医院薪酬制度，不断提高医疗服务质量和水平，更好地满足人民群众的医疗服务需要。贯彻加强新时代教师队伍建设的要求，落实义务教育教师平均工资水平不低于当地公务员平均工资水平的规定，切实保障义务教育教师工资待遇，维护义务教育教师合法权益，建设高素质、专业化的教师队伍，吸引和鼓励优秀人才长期从教，促进教育事业的发展。落实艰苦边远地区津贴和乡镇工作补贴等工资倾斜政策，鼓励人员向基层流动，体现对基层干部的关怀，稳定基层干部队伍，激励广大基层干部更好地干好本职工作，服务人民群众。

延伸阅读

1. 习近平：《保障和改善民生没有终点，只有连续不断的新起点》，《习近平谈治国理政》第二卷，外文出版社 2017 年版。

2. 习近平：《解决好人民群众最关心最直接最现实的利益问题》，《习近平谈治国理政》第二卷，外文出版社 2017 年版。

3.《"十四五"就业促进规划》，2021 年 8 月 23 日。

第十三讲
实行高水平对外开放

开放带来进步，封闭必然落后。对外开放是我国的基本国策，是国家繁荣发展的必由之路，为我国融入经济全球化、实现跨越式发展提供了强大动力。在党中央的正确指引和坚强领导下，我国坚持扩大开放不动摇，坚持与时俱进调整开放战略，坚持内外联动新思维，坚持开放发展新理念，充分把握住了经济全球化带来的重大机遇。过去 40 多年，我国经济发展的巨大成就是在不断扩大开放条件下取得的，未来我国构建新发展格局、实现高质量发展，必须在更高水平开放的条件下进行。

一、推动更高水平开放，对加快构建新发展格局意义重大

推动更高水平开放，是构建新发展格局的内在要求。构建高效贯通、双循环相互促进的新发展格局，是我国进入新发展阶段，党中央审时度势、综合谋划作出的重大决策，其历史使命是提高发展质量、服务支撑现代化强国建设，其重要任务是有效应

对百年未有之大变局、趋利避害抢抓机遇，其根本要求是综合利用两个市场两种资源、着力增强国际合作竞争新优势，其环境保障是稳定安全、开放合作的世界经济体系，这些都离不开更高水平开放。

（一）推动更高水平开放，是建设社会主义现代化强国的必由之路

对外开放是我国实现快速发展的关键一招，是社会主义建设事业不断取得成功的重要法宝。改革开放特别是加入世界贸易组织以来，我国从适应性开放到主动开放，始终注重发挥开放的引领作用，从商品、要素流动型开放到规则、规制、管理、标准等制度型开放，统筹"引进来"和"走出去"，主动融入经济全球化和国际产业链供应链体系，贸易投资自由化便利化水平大幅提升，公平竞争制度不断完善，基本建成高标准市场体系，市场运行更加健康有序，国际竞争力显著提升，成为全球化最大的受益者之一。

进入新发展阶段，我国比较优势发生变化，正处在转变发展方式、优化经济结构、转换增长动力的关键期，对发展质量提出了更高要求。我国同世界的联系更加紧密，既需要做大国内市场、提升其引力场作用，也需要高效配置全球资源，尽快塑造国际竞争合作新优势，助力实现增长动力转换。通过全面对接国际高标准市场规则体系，推动贸易投资自由化便利化，营造市场化法治化国际化营商环境，可以更好地统筹利用两个市场、两种资源，更好地实现产业相融、市场相通、创新相促、规则相联，有力支撑我国产业转型升级、发展动力转换和经济高质量发展。

（二）推动更高水平开放，是主动应对百年大变局的战略举措

当今世界，国际经济格局深刻调整，政治、经济、外交、科技等多种因素复杂交织，国际秩序正经历历史性变革与重塑。新时代构建新发展格局，面临的机遇与挑战都前所未有，需要准确识变、科学应变、主动求变，通过更高水平的对外开放，一方面有力促进自身发展，一方面坚定维护开放型世界经济，在变局中开新局，于危机中育先机，稳步推进高质量发展、实现中华民族的伟大复兴。

新一轮科技革命和产业变革加速发展，不断催生新产业、新业态、新模式，同时逆全球化潮流涌动、贸易保护主义抬头，国际竞争日趋激烈。只有推动更高水平开放、坚持开放创新，全面对接国际高标准市场规则体系，我国才可能紧抓技术前沿与产业变革机遇，对接国际先进生产力、高效集聚配置全球资源，深度融入全球产业链、供应链、价值链和创新链，打破人为"筑墙"、规则围堵，化解技术"卡脖子"、产业"去中国化"和经济"脱钩"的挑战。

区域经济合作持续深化，共建"一带一路"经过8年的持续推动，已被世界广泛接受，成为我国提供的国际公共产品和重要国际合作机制。但少数国家对我国持续抹黑，全球经济低迷和地缘政治冲突也加剧了建设困难和运营风险。只有推进更高水平开放、不断深化区域经济一体化合作，加强基础设施"硬联通"和规则标准"软联通"，才能持续拓展外部发展空间，共促世界繁荣发展。

国际经贸规则加速重构，我国要深化体制改革与扩大对外开放，

争取主动权。美欧日借"WTO 现代化改革"和"公平贸易"对我国实施规则围堵，强调市场对等开放与监管一致性，诸边谈判、区域及双边自贸协定成为国际经贸规则制定的新平台，CPTPP 等高标准自由化的大型自贸协定落地生效，占全球服务贸易 70% 的国家正商谈服务贸易协定。我国要主动推动更高水平开放、做好制度准备，积极参与高标准经贸规则制定和全球经济治理体系改革与建设，不断提升我国在全球经济治理中的制度性话语权，为建设开放型世界经济、实现共赢发展作出更大贡献。

（三）推动更高水平开放，将为打造国际合作和竞争新优势提供强大动力

构建新发展格局，不是封闭的国内循环，而是开放的国内国际双循环。以国内大循环为主体，不是要关起门来搞自给自足、取代国际循环，而是以畅通国内循环，吸引汇聚全球高端生产要素，塑造我国参与国际合作竞争新优势。推动更高水平开放，是形成国内国际双循环互促共进良性格局的必然选择。

国际市场是国内市场的重要延伸。我国虽然是世界第一人口大国，但国门之外还有 62 亿人口的更大市场。通过更高水平、更大范围、更深层次地扩大开放，积极与高水平国际规则对接，促进内需和外需、进口和出口、引进外资和对外投资协调发展，我国经济将获得更广阔发展空间、更高科技水平和更强产业竞争力，更好保障稳定的资源供应。同时，充分发挥超大规模经济体优势，为经贸伙伴提供更多市场机会、发展更加紧密的互利共赢合作关系，增强同世界经济的联系互动，提升国内大循环的效率和水平，反过来又将进一步提升国内大循环的吸引力和竞争力。

（四）推动更高水平开放，是维护开放型世界经济的必然要求

百年未有之大变局和新冠肺炎疫情交织叠加，当前世界进入动荡变革期，不稳定性不确定性显著上升。人类社会面临的治理赤字、信任赤字、发展赤字、和平赤字有增无减，实现普遍安全、促进全球经济复苏和共同发展依然任重道远。

我国是 120 多个国家的最大贸易伙伴和全球跨国公司最重要的投资目的地之一，已连续多年成为世界经济增长的主要引擎，日益成为吸引国际商品和要素资源的巨大引力场。新冠肺炎疫情暴发后，我国统筹疫情防控与经济社会发展，成为主要经济体中唯一实现正增长的国家，展现了中国经济的韧性，成为世界经济"稳定之锚"和走出困境的强大引擎。未来，我国在世界经济中的地位还将进一步上升，同世界经济的联系将更加紧密，在经济全球化背景下，中国的开放战略与政策选择为世界所关注、也具有重要的引领意义。

当前，经济全球化遇到一些回头浪，但世界决不会退回到相互封闭、彼此分割的状态，经济全球化仍是发展大势，开放合作仍是历史潮流，互利共赢依然是人心所向。在新发展阶段，我国既要顺大势而为，也要树立起大国能够主动塑造外部环境的意识，积极回应国际期待，承担与我国能力地位相适应的大国责任，坚持推动更高水平开放，坚持拉手而不是松手、拆墙而不是筑墙，坚持与世界分享发展机遇，推动经济全球化朝着更加开放、包容、普惠、平衡、共赢的方向发展。通过以经贸合作扩大利益交汇点，我国将为开放型世界经济体系建设提供强大动力，为世界各国重拾对经济全球化的信心发挥重要引领作用。

二、构建更高水平开放型经济新体制，畅通国内国际双循环

构建更高水平开放型经济新体制，是畅通双循环的制度基础和政策保障。开放是发展的必由之路，也是最大的改革。习近平总书记强调，发挥全面深化改革在构建新发展格局中的关键作用，要围绕实行高水平对外开放深化改革，加快营造市场化、法治化、国际化的营商环境，推动建设更高水平开放型经济新体制。

（一）持续深化商品和要素流动型开放

商品和生产要素自由流动，是畅通双循环的必要前提和条件。持续深化商品、服务、资金、人才、技术、数据等要素的自由、有序和安全流动，有利于促进各类资源的高效配置和高效增值，充分激发开放型经济的活力。

主动开放，为高质量发展注入新动力。改革开放以来，我国不断扩大开放领域，逐步降低关税水平，不断提高贸易投资便利化水平，商品和要素流动型开放取得长足进展。在全面履行入世降税承诺的基础上，我国多次自主降税，关税总水平已由加入世贸组织时承诺的 9.8% 降至 7.5%，加权平均关税降至 4% 左右，接近发达国家水平。在世贸组织 12 大类服务部门的 160 个分部门中，我国承诺开放 100 个分部门，目前已不同程度开放了 120 多个分部门。诸多主动开放举措，充分体现了我国以更加积极的姿态向全球开放市场的决心与担当，促进我国深度融入全球产业链、供应链和价值链体系，更有效地利用国内国外两个市场、两种资源，形成发展新合力。

更高水平开放，加快提升全球价值链地位。未来，要持续提升贸易投资自由化便利化水平，进一步提升我国对全球创新、产业、资本和人才等要素的吸引力，通过深度融入经济全球化、高效整合全球资源，促进我国产业链供应链更具韧性、更加安全、更有竞争力。要进一步降低关税，削减进出口环节的制度性交易成本，要开展创新要素跨境便利流动试点，促进要素跨境自由有序安全便捷流动。自 2021 年 7 月起，我国对 176 项信息技术产品的最惠国税率实施第六步降税。我国还将压缩《中国禁止进口限制进口技术目录》，为技术要素跨境自由流动创造良好环境。

（二）稳步拓展规则、规制、管理、标准等制度型开放

习近平总书记指出，制度是关系党和国家事业发展的根本性、全局性、稳定性、长期性问题。实施更大范围、更宽领域、更深层次对外开放，深入推进规则、规制、管理、标准等制度型开放，全面对接国际高标准市场规则体系，有助于以高水平制度供给汇聚高端要素资源，为加快构建新发展格局提供强大保障和动力支撑。

持续推动体制机制创新，改善开放发展的制度环境。在贸易领域，建立"三互"大通关协作机制，全面建成覆盖全国所有口岸的国际贸易"单一窗口"；出台特殊综合保税区等新型海关特殊区域的监管办法，探索更加自由便利的贸易监管制度；培育一批外贸转型升级综合型、专业型基地，分批设立 105 个跨境电商综合试验区、30 家市场采购贸易方式试点、两次扩容推进服务贸易创新发展试点，通过监管模式和管理体制创新，进一步挖掘贸易发展潜力。在利用外资领域，制定出台外商投资法及实施条例，确立准入前国民

待遇加负面清单的外资准入管理制度，自贸试验区版负面清单不断压减，首张海南自贸港版清单仅为 27 条；坚持开放与安全并重，构建起产业引导、权益保护、投资促进、公平竞争与国家安全审查等外资管理制度；明确国家支持企业发展的各项政策同等适用于外商投资企业，市场化、法治化、国际化营商环境持续优化，在世界银行全球营商环境评价中的排名由 2017 年的第 78 位跃升至 2020 年的第 31 位。在对外投资领域，坚持企业市场主体地位，不断下放审批权限、简化审批流程，持续优化事中事后监管，推行实施"备案为主、核准为辅"的新型管理模式，98% 以上的境外投资项目实现网上备案，投资自由化便利化程度大幅提升，为对外投资健康发展营造了良好条件。

全面对接高标准国际规则，不断深化制度型开放。制度型开放是更加深入、更加全面、更加系统、更加公平的开放。未来，我国要进一步打破国内国际循环之间的藩篱和壁垒，推动高端要素跨境自由流动，推动国内大循环向更高层次跃升，更深入地融入经济全球化。一是提升各类对外开放平台功能，对标国际规则新趋势，赋予其更大改革自主权，加大压力测试力度，深化首创性、集成化、差别化改革先行探索，打造开放层次更高、营商环境更优、辐射作用更强的开放新高地，积极向全国复制推广制度创新成果，打造具有国际竞争力的市场化法治化国际化营商环境。二是优化区域开放布局，鼓励各地立足比较优势扩大开放，促进东中西互动协同开放，加快形成陆海内外联动、东西双向互济的全面开放新格局。三是积极参与构建公正合理、开放兼容的国际经贸规则体系，维护开放型世界经济和真正的多边主义，提升我国在全球经济规则制定中的影响力和话语权。

[知识链接]

打造对外开放新高地，推动制度创新与政策突破

先行先试，将成熟经验向全国复制推广，是我国深化改革、扩大开放和防控风险的宝贵经验。在新发展阶段，改革发展进入攻坚期和深水区，自贸试验区、海南自贸港以及其他各类开放平台作为参与国际合作竞争的新高地，赋予其更大的改革自主权，鼓励其"大胆闯、大胆试、自主改"，在新一轮改革开放中发挥重要的破冰探路、先行示范和标杆引领作用。

自由贸易试验区先行先试，掀起新一轮改革开放热潮。目前我国共设立21个自贸试验区和临港新片区。自贸试验区率先试行准入前国民待遇加负面清单的外资管理模式，负面清单从190条缩减至2020年的30条；率先探索建立国际贸易"单一窗口"，创立自由贸易账户，探索建立适应高水平开放的监管制度创新与风险防范体系。目前，自贸试验区累计形成278项试点经验向全国复制推广，为全面深化改革和扩大开放探索新途径、积累新经验。

对标最高开放形态与国际规则，海南自贸港建设顺利开局。建设海南自贸港，是习近平总书记亲自谋划、亲自部署、亲自推动的重大战略举措。2020年6月，《海南自由贸易港建设总体方案》正式发布，全力推动关键核心政策落实落细，基本制度框架已初步

建立，新设企业数量、实际利用外资、引进人才、离岛免税购物额等均实现翻番，外向型经济快速发展，2021年上半年经济增速17.5%，经济加速增长实现高质量发展。

各类开放平台推陈出新，进一步发挥开放引领作用。21世纪以来，我国新设立近180个国家级经济开发区、近150个海关特殊监管区、多个国家级边境经济合作区，还创设了105个跨境电子商务综合试验区、30个市场采购试点等多种新型的特殊经济区，在28个省、市（区域）开展全面深化服务贸易创新发展试点，建设113个境外经贸合作区。这些开放平台与自贸试验区、海南自贸港形成了多层次、多领域的开放平台体系，对我国改革开放充分发挥了引领作用。

（三）统筹发展和安全，建立适应高水平开放要求的安全保障体系

习近平总书记指出，越开放越要重视安全，越要统筹好发展和安全，着力增强自身竞争力、开放监管能力、风险防控能力。牢牢守住安全发展底线，是构建新发展格局的重要前提和保障，是畅通双循环的应有之义。

开放水平的持续提升，在促进改革、发展和创新的同时，也对提高安全保障能力提出了新要求。经过长期改革探索，我国逐步建

立了外商投资安全审查、网络安全审查、特定物项和关键技术出口管制等制度，显著提升了开放条件下经济安全保障能力。但是在当前的新发展阶段，百年变局与新冠肺炎疫情交织叠加，国际形势不稳定性、不确定性显著上升，风险因素明显增多。

面对新阶段畅通双循环的发展需要，要把握好开放和安全的关系，树立底线思维，注重堵漏洞、补短板。要运用国际通行规则维护国家安全，构筑与高水平开放相匹配的风险防控体系，增强在高水平开放中防范化解风险、维护国家安全的本领，努力实现更高质量、更有效率、更加公平、更可持续、更为安全的发展。要健全产业损害预警体系，丰富贸易调整援助、贸易救济等政策工具，妥善应对经贸摩擦。要建立重要资源和产品全球供应链风险预警系统，加强国际供应链保障合作。要健全外商投资国家安全审查、反垄断审查、国家技术安全清单管理、不可靠实体清单等制度，优化健全外资管理与服务。要完善境外投资分类分级监管体系，构建海外利益保护和风险预警防范体系。要加强国际收支监测，保持国际收支基本平衡和外汇储备基本稳定。

三、更深度融入经济全球化，加快塑造我国参与国际合作和竞争新优势

构建新发展格局，是重塑我国国际合作和竞争新优势的战略抉择。40多年来，我国坚持对外开放基本国策，充分发挥比较优势，紧紧抓住经济全球化发展机遇，大力发展对外贸易、扩大双向投资，快速跃升为全球贸易和投资大国，与世界更加紧密地联系在一起，既有力推动了自身的经济发展与现代化进程，也促进了世界的繁荣

与进步。新发展阶段，要依托国内大市场优势，以强大国内经济循环吸引全球要素资源，促进国内供给体系质量和效率提升，加快塑造参与国际合作和竞争新优势。

（一）培育对外贸易新优势，促进我国全球价值链地位提升

对外贸易是开放型经济的重要组成部分，对打通我国内外经济循环、增强产业国际竞争力、提高资源配置效率和加快经济增长，都发挥了十分重要的促进作用。一是打开外部市场，支撑了国内生产规模的扩张；二是作为外汇储备的重要来源，2000—2020年我国货物贸易累计顺差超过5.2万亿美元，为国内加快工业化进程、产业发展和技术进步、推进"一带一路"建设等提供了资金支持；三是以对外贸易为纽带，释放了"人口红利"，极大拓展了就业空间；四是促进涉外经济管理体制改革创新，有力推动了中国特色社会主义市场经济体制的形成和发展。

改革开放特别是加入世贸组织以来，我国货物进出口快速增长，从200多亿美元发展到4.6万亿美元，跃升为全球货物贸易第一大国，同时也快速发展为世界服务贸易第二大进口国和第五大出口国。新冠肺炎疫情暴发前的2019年，服务进口和出口额已分别达到5055亿美元和2444亿美元。通过深度参与国际分工和全球产业链价值链，我国在较短时间内发展成为与美国和德国并列的全球价值链三大枢纽之一，被世界银行誉为"通过融入全球价值链提高供给侧生产率和国际竞争力的典型范例"。

虽然2008年国际金融危机后受全球经济和外需放缓的影响，我国外贸增长明显减速，但在全球贸易中的地位仍持续上升，外贸对

我国经济发展继续发挥重要作用。2020 年，面对新冠肺炎疫情冲击和全球经济大衰退，我国率先实现复工复产，成为唯一实现货物贸易正增长的主要经济体，国际市场份额再创历史新高。

在新发展阶段，为成功实现从贸易大国向贸易强国的转变，我国要积极推动贸易自由化便利化，推进贸易创新发展和产业转型升级，增强对外贸易综合竞争力，不断增强我国在全球产业链供应链价值链和创新链中的影响力。

一是加快货物贸易优化升级。要着力推动五个优化，即优化国际市场布局、国内区域布局、经营主体、商品结构和贸易方式。加快构建面向全球的高标准自由贸易区网络，逐步提高自贸伙伴在我国对外贸易中的占比。加快中西部和东北地区开放步伐，支持承接国内外产业转移，培育全球重要加工制造基地和新增长极。鼓励行业龙头企业提高国际化经营水平，形成在全球范围内配置要素资源和布局市场网络的能力。提升一般贸易出口产品附加值，推动加工贸易转型升级。完善内外贸一体化调控体系，促进内外贸法律法规、监管体制、经营资质、质量标准、检验检疫、认证认可等相衔接，推进内外贸产品同线同标同质。加快实施贸易投资融合工程。

二是促进服务贸易创新发展。持续全面深化服务贸易创新发展试点，不断优化管理体制和政策体系，提升贸易数字化水平。通过提升技术含量和附加值，提高服务外包产业的发展质量和效益，推进特色服务出口基地建设。完善技术进出口管理制度，建立健全技术贸易促进体系。加强服务贸易国际合作，打造"中国服务"国家品牌。

三是培育贸易新业态新模式。大力提升数字赋能与监管水平，推动企业提升贸易数字化、外贸综合服务数字化水平，积极参与全球数字经济和数字贸易规则制定。推动信息共享、创新监管模式，鼓励跨境电子商务、市场采购贸易、外贸综合服务企业、保税维修检测、再制造和离岸贸易等贸易新业态新模式发展，支持海外仓升级发展。培育一批外贸转型升级综合型、专业型基地，提高产品质量、培育自主品牌。

四是实施更加积极的进口政策。开创性举办全球首个国际进口博览会，是我国主动开放的重大举措，作为一个"买全球、卖全球"的开放型平台，为世界经济增长创造新需求，明确释放了维护开放型世界经济的积极信号。未来要继续深化贸易促进平台建设，持续办好进博会、广交会、服贸会、消博会等重要展会，培育中国—东盟博览会、中非经贸博览会和中阿博览会等一批高质量区域性展会，发展线上线下融合的云展会模式。适时进一步降低进口关税、努力消除非关税壁垒、大幅削减进出口环节制度性成本，促进进出口协同发展。在优化进口结构方面，要扩大先进技术、设备和零部件进口，鼓励国内有需求的资源性产品进口，支持消费升级进口，促进研发设计、节能环保等生产性服务进口，促进进口来源多元化。

（二）提高"引进来"水平，服务国内大循环高质量发展

"引进来"是我国主动整合利用国内国际两个市场、高效配置全球资源的有效途径。跨国公司覆盖全球 90% 的跨境投资、80% 的贸易、80% 的技术专利，是双循环相互促进、推动我国融入经济全球化的重要衔接点。

利用外资对推动我国经济快速发展发挥了重要作用。改革开放

以来，通过吸引外资，我国快速融入全球产业链供应链体系，促进了效率提升、产业升级、技术创新、就业增长、人才培育和制度开放。外资企业以不到全国3%的企业数量，实现了我国约40%的进出口、近20%的税收及25%的规模以上企业工业利润，贡献了全国1/10的城镇就业，为我国经济发展、产业升级和社会进步做出积极贡献。

[知识链接]

我国利用投资取得瞩目成就

改革开放以来，我国利用外资取得长足发展，引资规模快速扩大、质量持续提升。1992年起，我国长期保持发展中国家利用外资首位，近年来连续保持全球利用外资前三位。截至2019年底，我国累计设立外商投资企业超过100万家，实际使用外资金额2.29万亿美元，利用外资的全球占比从2016年的6.4%稳步提升至9.0%，成为跨国公司投资的重要目的地。先进制造业、服务业、高技术和功能性引资快速发展，跨国公司在华设立地区总部、研发中心已超过2000家。2020年，在新冠肺炎疫情冲击下全球跨境投资大幅下降42%，我国则实现引资逆势增长，且跃居全球首位，供应链韧性与超大规模市场等综合性优势更加凸显。

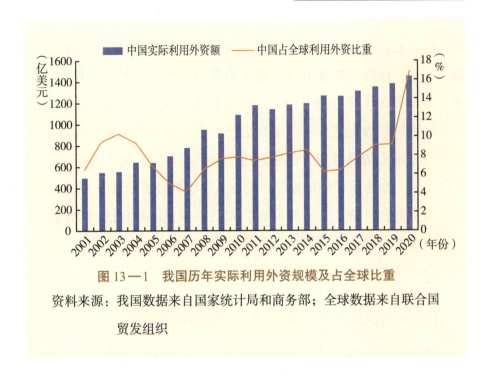

图 13—1　我国历年实际利用外资规模及占全球比重

资料来源：我国数据来自国家统计局和商务部；全球数据来自联合国贸发组织

　　提升引资质量，是应对百年大变局和构建新发展格局的重要战略举措。新技术革命和产业变革加快推进，大国博弈不断加剧，跨境投资竞争更趋激烈，跨国公司联通内外市场、集聚高端要素资源、稳定经贸关系，特别是助力我国以开放创新实现科技自立自强和维护产业链供应链安全的作用更加凸显。2020 年新冠肺炎疫情全球大流行背景下，在华业务成为跨国公司业绩的重要支撑和突出亮点，外资企业对华投资预期整体趋好，深度参与构建新发展格局和"十四五"建设、升级在华价值链创新链的意愿强烈，为我国利用外资再上新台阶带来新机遇。面对新形势，需聚焦引智、引才、引技，通过提升利用外资水平，更好地服务国内大循环和高质量发展。

　　抢抓新发展格局重要机遇，大力促进高质量"引进来"。要进一步缩减外商投资市场准入负面清单，扩大鼓励利用外资的行业范围，扩大先进制造业、服务业等开放，有序推进电信、互联网、教育、文化、医疗等领域开放。要大力营造开放创新的制度环境，鼓励支持外资在华设立研发中心、区域总部，发挥对我国科技创新与自立自强的积极促进作用。要加大产业链精准招商力度，发挥重大外资项目示范带动效应，促进国内产业转型升级，进一步提升我国在跨国公司全球布局中的地位。要深入落实外商投资法及实施条例，切实做到对内外资企业一视同仁，营造市场化国际化法治化的营商环境。要健全外资管理和服务体系，全面优化外商投资服务，健全外资企业投诉工作机制，依法保护外资企业合法权益。

（三）加快高水平"走出去"，塑造双循环新优势

扩大对外投资，是提升内循环质量、拓展国际发展空间、更好参与国际竞争合作的重要抓手。面对新发展阶段利用好两个市场两种资源的新要求，面对百年大变局下维护日益增长海外利益的新挑战，一方面必须加快对外投资提质增效，大力拓展多元化的技术和市场来源，提升境外投资对国内大市场需求的适配度，促进我国在全球产业链供应链价值链创新链中地位的提升，另一方面要切实做好对外投资促进和海外权益保护工作，为企业提升国际化经营水平和全球资源配置能力提供优质服务和有力保障。

[知识链接]

我国对外投资取得长足发展

2001 年实施"走出去"战略以来，我国对外投资快

速发展，成功跃升为对外投资大国。2001—2019 年，我国对外直接投资存量的全球排名由第 25 位提升至第 3 位，流量的排名由第 26 位提升至第 2 位，投资主体达到 2.75 万家，设立境外企业超过 4.4 万家，覆盖 18 个行业门类、分布于 188 个国家和地区，行业与区域布局不断拓展，企业在全球资源配置的能力、效率显著提升，涌现出一批具有全球影响力的跨国企业，为拓展国际市场空间、全球配置资源、密切双边经贸关系发挥了重要作用。

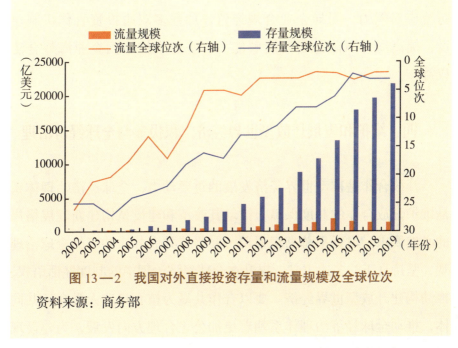

图 13—2 我国对外直接投资存量和流量规模及全球位次

资料来源：商务部

对标新阶段新要求，加快实现高水平走出去。要持续深化对外投资管理体制改革，优化事中事后监管，提升投资便利化水平。要健全促进和保障境外投资的政策与服务体系，完善境外生产服务网络和流通体系，加快提升生产性服务企业的国际化服务能力，推动中国产品、服务、技术、品牌、标准走出去，积极参与全球产业链供应链重塑。要坚持以企业为主体，支持企业创新对外投资方式，优化投资结构与布局，提升全球资源配置能力与投资收益水平。要加快培育具有全球竞争力的跨国公司，支持大型跨国公司带动中小企业，更好地融入全球产业链、提升价值链参与水平，促进我国和全球产业链供应链的稳定。要积极推进国际产能合作、第三方市场合作，推动项目可持续发展，打造一批质量标准高、综合效益好、受多方欢迎的精品项目。要加强海外权益保护、增强风险防范应对能力，引导企业合规经营，加强多双边投资合作机制建设，提高海外风险预警与疏解能力，坚定维护中国企业海外合法权益。

四、维护和发展开放型世界经济，积极参与全球经济治理

开放合作是推动世界经济发展的重要动力，全球经济治理体系是维护开放合作的制度保障，推动其改革和建设是构建新发展格局的必然要求。习近平总书记强调，要坚持共商共建共享的全球治理观，坚持真正的多边主义，提升在全球经济治理中的制度性话语权，推动构建开放型世界经济。要以合作共赢为核心打造人类命运共同体，推动全球经济治理体系朝着更加公正合理方向发展，为建设现代化强国营造稳定和有利的外部环境。

（一）确立积极参与全球经济治理的方针政策

2008 年国际金融危机深刻暴露了全球经济治理体系的缺陷与不足。加强国际宏观经济政策协调、加快全球经济治理体系改革，日

益成为国际社会的共识。以习近平同志为核心的党中央，准确把握时代潮流，确立了我国积极参与全球经济治理体系改革的理念原则和方针政策。党的十八大报告提出要"积极参与全球经济治理，推动贸易和投资自由化便利化，反对各种形式的保护主义"；党的十八届五中全会提出"积极参与全球经济治理和公共产品供给，提高我国在全球经济治理中的制度性话语权，构建广泛的利益共同体"；党的十九大报告强调"中国将继续发挥负责任大国作用，积极参与全球治理体系改革和建设，不断贡献中国智慧和力量"。

2013 年，习近平总书记提出共建丝绸之路经济带和 21 世纪海上丝绸之路倡议，提出秉持共商共建共享原则，坚持开放、绿色、廉洁理念，努力实现高质量共建"一带一路"。2017 年习近平总书记在联合国发表历史性演讲，深刻、全面、系统阐述构建人类命运共同体理念，主张共同推进构建人类命运共同体伟大进程。在 2021 年达沃斯论坛特别致辞中，习近平总书记再次倡导构建以平等为基础、以开放为导向、以合作为动力、以共享为目标的全球经济治理体系，强调"四个坚持"：要坚持开放包容，不搞封闭排他；坚持以国际法则为基础，不搞唯我独尊；坚持协商合作，不搞冲突对抗；坚持与时俱进，不搞故步自封。

（二）为全球经济治理作出重要贡献

推动二十国集团等治理新平台建设成绩斐然。我国积极参与国际经济政策协调，与其他成员共同努力，推动二十国集团成为国际宏观经济政策协调和应对经济危机等全球性风险的重要平台。2016 年我国成功主办二十国集团杭州峰会，首次将发展议题置于全球宏观政策协调的核心位置，首次构建全球投资指导原则。我国还积极推动金砖国家合作机制、上海合作组织等平台的建设和完善。

维护多边主义和多边贸易体制发挥引领作用。在世贸组织多边谈判长期停滞背景下，我国积极支持多边贸易体制，发挥"促谈、促和、促成"的关键作用，推动达成世贸组织首个多边协定——《贸易便利化协定》。主动参与新领域新规则的探讨，完成信息技术协定扩围谈判并如期降税。积极参与和支持必要的世贸组织改革，强调应优先处理危及世贸组织生存的关键问题，坚持尊重成员各自的发展模式、保障发展权利，反对"有选择的多边主义"。

高水平贸易投资制度性安排取得重大突破。自 2002 年与东盟签署自贸协定以来，我国积极参与区域或双边贸易投资自由化便利化制度安排。2015 年，分别与澳大利亚、韩国签署自贸协定，首次与经济体量较大的发达经济体达成自贸安排。在新冠肺炎疫情大流行和逆全球化蔓延的 2020 年，我国对外经贸合作又取得三大突破：一是签署区域全面经济伙伴关系协定（RCEP），至此我国已总共与 26 个国家和地区签署 19 项自贸协定，贸易覆盖率达到 35%。二是完成中欧投资协定谈判。三是习近平主席在亚太经合组织（APEC）领导人会议上宣布我国"将积极考虑加入全面与进步跨太平洋伙伴关系协定"。三项进展对我国参与区域经济一体化、维护外部环境稳定、支持多边主义和自由贸易都具有重大意义。

推动全球金融治理和金融体系改革取得积极进展。2016 年人民币正式纳入特别提款权（SDR）货币篮子，成为继美元、欧元、日元、英镑之后的第五种"入篮"货币。我国积极推动国际组织投票权改革，提高发展中国家在全球经济治理中发言权和代表性，在国际货币基金组织份额和在世界银行投票权分别上升至 6.4% 和 5.7%，均位列第三。我国积极促进区域金融合作，倡导设立亚洲基础设施投资银行、金砖国家新开发银行等国际开发金融机构。截至 2020 年底，亚洲基础设施银行成员达 103 个，累计批准贷款项目 108 个，融资额超过 220 亿美元。

共建"一带一路"成果丰富、亮点纷呈。一是推进战略对接，通过政策沟通凝聚共识。目前，我国已与 139 个国家和 31 个国际组织签署了 204 份共建合作文件，"一带一路"倡议及原则理念写入联合国、亚太经合组织等重要国际机制成果文件；举办两届"一带一路"国际合作高峰论坛，共形成 562 项具体成果。二是推动项目落地，设施联通显著改善。据世界银行测算，已完成和规划中的"一带一路"交通运输项目将使沿线国家和地区货运时间平均减少 1.7%—3.2%，使全球平均航运时间下降 1.2%—2.5%。三是扩大产业合作，贸易畅通成效显现。据海关统计，我国与沿线国家货物贸易从 2013 年的 1.04 万亿美元增加到 2020 年的 1.35 万亿美元，累计达 9.4 万亿美元，占我国外贸比重由 25% 提升到 29.1%。四是加强投资合作，资金融通进展顺利。据商务部统计，中资企业对沿线国家投资从 2013 年的 115.9 亿美元增加到 2020 年的 177.9 亿美元，占全国对外非金融投资比重由 12.5% 升至 16.2%，累计非金融类直接投资超过 1200 亿美元。我国企业已在沿线 24 个国家建立 84 个经贸合作区，向东道国缴纳税收 20 多亿美元，直接为当地创造近 30 万个就业岗位。五是加强沟通交流，民心相通大大加强。国之交在于民相亲，民相亲在于心相通。据世界银行估算，"一带一路"相关投资将帮助多达 3400 万人摆脱中度贫困，使沿线国家和地区的实际收入增长 1.2%—3.4%，全球实际收入增长 0.7%—2.9%。

（三）致力于在全球经济治理体系改革和建设中发挥更大作用

我国已成为世界第二大经济体、第一大货物贸易国和主要双向投资大国，主动塑造外部环境和参与引领全球经济治理体系改革的基础更加稳固、条件更加成熟。新发展阶段恰逢全球经济治理体系改革与建设的关键期，我国要加快构建更高水平的开放型经济新体制，在开放中扩大与各国的利益交汇点，推动构建人类命运共同体。要着力增强规则制定能力、议程设置能力、谈判协商能力、舆论宣传能力、统筹协调能力，加强人才队伍建设，推动全球治理体系朝着更加公正合理方向发展，积极承担与我国能力地位相适应的国际责任和义务，努力为完善全球经济治理贡献中国智慧、中国力量。

坚持维护和完善多边经济治理机制。坚持维护基于规则的多边贸易体制，积极参与世界贸易组织改革，坚决维护发展中成员的发展权利和空间。推动新兴领域治理规则制定，促进建立开放、安全的全球数字经济和服务贸易发展环境。推动二十国集团等发挥国际宏观经济协调平台功能，建设性参与亚太经合组织、金砖国家等机制性治理合作，推进上合组织区域经济合作。提高参与国际金融治理能力，推动主要多边金融机构深化治理改革，支持亚洲基础设施投资银行和金砖国家新开发银行更好发挥作用，促进区域金融市场联通，维护全球和区域经济金融稳定。

加快构建面向全球的高标准自由贸易区网络。实施自由贸易区提升战略，优化自由贸易区布局，推动区域全面经济伙伴关系协定实施，加快中日韩自由贸易协定谈判进程，适时加入全面与进步跨太平洋伙伴关系协定，稳步推进亚太自贸区建设。推动商签更多高标准自由贸易协定和区域贸易协定。加大以负面清单方式开展服务贸易和投资谈判力度。加大自由贸易协定落地实施力度，提高企业用足用好相关优惠条款的能力，充分释放"自贸红利"。

积极推进"一带一路"从"大写意"进入高质量共建新阶段。更加重视发展战略与政策对接，通过创新对接方式，推进战略、规划、机制对接，加强政策、规则、标准联通，促进共建"一带一路"倡议同区域和国际发展议程有效对接、协同增效。创新发展丝路电商双边合作框架，积极发展丝路电商，建设"一带一路"电子商务大市场。持续推进基础设施互联互通，推动陆海天网四位一体联通。坚持以企业为主体、以市场为导向，深化国际产能合作，构筑互利共赢的产业链、供应链合作体系。做优做精合作项目，建设更多高质量、可持续、抗风险、价格合理、包容可及的基础设施项目，促进更多惠民生项目落地。支持地方建设"一带一路"合作示范区，推进第三方市场合作。打造多元化平台，发掘更多互动交流相通点、深化合作着力点、共同发展交汇点。建设高水平合作平台，发挥好"一带一路"国际合作高峰论坛的引领作用，创新发展中国—东盟博览会等国际性展会和各类经济合作论坛。深化与联合国等国际机构合作，高质量执行"一带一路"国际合作项目，推动更多公共卫生和社会民生项目落地。在提升效率效益的同时，增强发展的可持续性，推动"一带一路"建设走深走实、行稳致远。注重防控重大风险，加强风险预警防控体系建设，强化法律服务保障，完善风险防控和安全保障体系，注重防范化解各类风险。

扎实推动构建人类命运共同体。秉持正确义利观和互利共赢理念，积极发展全球伙伴关系，维护以国际法为基础的国际秩序，构建总体稳定、均衡发展的大国关系框架。按照与邻为善、以邻为伴方针，深化同周边国家关系。加强同发展中国家团结合作，向最不发达国家提供力所能及的援助，与世界各国携手应对全球性挑战、共促繁荣发展。

延伸阅读

1. 商务部：《"十四五"商务发展规划》，2021 年。

2. 商务部等：《"十四五"服务贸易发展规划》，2021 年。

3. 习近平：《在庆祝改革开放 40 周年大会上的讲话》，《人民日报》2018 年 12 月 19 日。

第十四讲
统筹发展和安全

安而不忘危、存而不忘亡、治而不忘乱，中华文明五千年历史的荣辱兴衰始终在提醒我们，在谋发展的过程中决不能忽视国家安全。新中国成立以来，党中央始终根据我国发展现状和维护国家安全工作需要，审时度势作出战略部署，成功应对不同历史时期国内外安全形势的变化挑战。2020年4月，习近平总书记提出，要建立以国内大循环为主体、国内国际双循环相互促进的新发展格局。党的十九届五中全会对构建新发展格局作出了全面部署。这是党中央把握全球政治经济环境的深刻变化，应对新发展阶段机遇和挑战、贯彻新发展理念的战略选择，也是统筹发展和安全、将发展建立在安全基础上的战略考量。

一、统筹发展和安全是构建新发展格局的必然要求

构建新发展格局，是应对我国国家安全形势新变化新挑战的主动选择。我国作为一个人口众多和超大市场规模的社会主义国家，

在迈向现代化的历史进程中，必然要承受其他国家都不曾遇到的各种压力和严峻挑战。

从国际看，世界百年未有之大变局加速演进，国际经济、科技、政治、安全等格局都在发生深刻调整。新冠肺炎疫情加快世界经济格局演变，世界经济在大幅下行后逐步恢复，但发达经济体经济走势分化明显，新兴经济体和发展中国家的复苏进程还面临较多困难。全球产业链分工格局加速调整，各国更加重视本国供应链安全，生产网络区域化、本地化趋势更加明显。新一轮科技革命和产业变革深入发展，各国抢占新一轮科技制高点的竞争更趋激烈。经济全球化遭遇逆流，部分发达经济体实施贸易保护政策，推动建立排他性保护性较强的区域贸易协定，新兴经济体面临更高贸易投资规则门槛。传统与非传统安全风险交织蔓延。单边主义、保护主义、霸权主义对世界和平与发展构成威胁，恐怖主义、气候变化、重大传染性疾病、网络安全等非传统安全风险明显增加。

从国内看，我国正处于转变发展方式、优化经济结构、转换增长动力的攻关阶段，结构性、体制性、周期性问题相互交织。国内经济恢复的基础尚不牢固，内需稳步回升受到制约，居民消费恢复相对滞后，企业特别是制造业企业投资意愿不强。一些关键核心技术受制于人，部分关键元器件、零部件、原材料依赖进口。低端无效供给过剩与中高端有效供给不足并存，金融支持实体经济存在不足。粮食供求仍将维持紧平衡状态，油气对外采购率较高，能源资源安全面临不少挑战。宏观杠杆率仍然较高，银行不良贷款风险可能继续显现，一些企业生产经营存在较多困难。就业压力大和招工难问题并存，新成长劳动力数量仍处高位，制造业、中小企业招工难题更加凸显。公共服务供需不均衡问题仍然突出，人口老龄化程度加深，老年抚养比持续上升，对养老保障可持续性造成较大挑战。

我国发展和安全面临的新形势新变化新挑战，需要我们提出引领发展的新思路，在纷繁复杂的国内外环境中进一步明确我国经济现代化的路径选择，牢牢把握未来发展主动权。加快构建新发展格局，就是要在各种可以预见和难以预见的狂风暴雨、惊涛骇浪中，增强我们的生存力、竞争力、发展力、持续力，确保中华民族伟大复兴进程不被迟滞甚至中断。

构建新发展格局，对更好统筹发展和安全提出了新的要求。习近平总书记指出，我们越来越深刻地认识到，安全是发展的前提，发展是安全的保障。党的十九届五中全会把国家安全问题摆在非常突出的位置，"十四五"规划不仅在指导思想中强调"统筹发展和安全"，而且设置专章对统筹发展和安全作出全面部署，强调坚持总体国家安全观，实施国家安全战略，维护和塑造国家安全，统筹传统安全和非传统安全，把安全发展贯穿国家发展各领域和全过程。统筹发展和安全，是构建新发展格局的内在要求，只有推动高质量发展和高水平安全良性互动，实现更为安全的发展，才能将构建新发展格局的战略部署落到实处。

要以高质量发展夯实维护国家安全的物质基础。党的十八大以来，我国国家安全体系不断完善，国家安全保障能力建设持续推进，薄弱环节加快补齐，国家安全全面加强。这些成绩，都建立在我国经济社会持续快速发展，经济实力、科技实力、综合国力不断迈上新台阶，决胜全面建成小康社会取得决定性成就的基础之上。展望未来，我们要以国内大循环为主体，深化供给侧结构性改革、坚定实施扩大内需战略，强化改革创新支撑，打通经济循环堵点，释放超大规模市场潜力；推动国内国际双循环相互促进，健全高水平对外开放新体制，有效利用全球要素和市场资源，更高效率地实现内外市场联通，重塑参与国际经济合作及竞争新优势，有力推进我国高质量发展和现代化建设进程，持续增强国家综合实力和抵御风险能力，为维护国家安全提供更加坚实的保障。

要以高水平安全为构建新发展格局保驾护航。习近平总书记指出，贫瘠的土地上长不成和平的大树，连天的烽火中结不出发展的硕果。在构建新发展格局、实现第二个百年奋斗目标的征程中，我们面临的前进阻力和战略压力更大、风险挑战更多，安全之于发展的重要性愈发凸显。没有安全和稳定，一切都无从谈起。因此，必须把安全发展贯穿国家发展各领域和全过程，在发展中更多考虑安全因素，坚持推进国家安全体系和能力现代化，全面提升国家安全工作能力和水平，发挥国家安全工作协调机制作用，提高风险预见、预判能力，力争把可能带来重大风险的隐患发现和处置于萌芽状态，为构建新发展格局提供稳定安全的发展环境。

二、妥善处理好自立自强和开放合作的关系

习近平总书记指出，构建新发展格局最本质的特征是实现高水平的自立自强。加快实现科技自立自强，为构建新发展格局提供更多高质量科技供给和强有力科技支撑，是在危机中育先机、于变局中开新局的关键之举。

加强国内大循环在双循环中的主导作用，必须坚持科技自立自强。大国经济的一个共同特征是国内循环居于主体地位。我国作为世界第二大经济体，国内供给和需求对于经济循环起到主要的支撑

作用。2008 年国际金融危机之后，我国经济再平衡取得显著进展，已经在向以国内大循环为主体的方向发展。经常项目顺差占国内生产总值的比重由 2007 年的 9.9% 下降到 2020 年的不到 2%，外贸依存度也由最高时的 67% 下降到 2020 年的 31.7%，经济增长越来越多依靠国内消费和投资。与此同时，创新驱动发展战略深入实施，关键核心技术攻关全面展开，战略科技力量建设迈出重大步伐，重大科技任务有序实施，重大创新成果竞相涌现，创新实力整体提升，科技创新引领发展的"第一动力"作用不断增强。当前，经济全球化遭遇逆流，单边主义、保护主义上升，新冠肺炎疫情带来广泛而深远的影响，传统的国际经济循环明显弱化甚至受阻。在这种情况下，必须以科技自立自强作为战略支撑，强化国内经济大循环，增强经济发展韧性。加快科技自立自强有助于打造更加安全稳定的产业链供应链，也可释放和创造新的巨大需求，是确保国内大循环畅通、塑造我国在国内国际双循环中新优势的关键，是构建新发展格局的关键着力点。

科技自立自强是未来发展中把握主动的"先手棋"。进入 21 世纪以来，全球科技创新进入空前密集活跃时期，新一轮科技革命和产业变革正在重构全球创新版图、重塑全球经济结构，科技创新成为影响和改变全球竞争格局的关键变量。科学技术从来没有像今天这样深刻影响国家前途命运和人民生活福祉。当前，我国迎来了世界新一轮科技革命和产业变革同我国转变发展方式的历史性交汇期，需要我们积极参与科技前沿研究与开拓，甚至主导一些领域建设，成为新的竞赛规则的重要制定者、新的竞赛场地的重要主导者。必须坚持科技自立自强，不断增强国家科技竞争力，抢占未来科技制高点，持续提升产业基础能力和产业链供应链现代化水平，才能在日益激烈的国际竞争中争取主动。

科技自立自强是确保产业链供应链安全的"牛鼻子"。掌握关键核心技术是保障产业链供应链安全的根本途径。关键核心技术是要不来、买不来、讨不来的，只有牢牢扭住科技自立自强这个"牛鼻子"，以关键共性技术、前沿引领技术、现代工程技术、颠覆性技术创新为突破口，攻克关键核心技术，在关系国家安全的领域和节点构建自主可控的国内生产供应体系，在关键时刻可以做到自我循环，才能从根本上应对产业链供应链的各种风险挑战，掌握产业发展的主导权。

国内国际双循环相互促进，需要我们坚持高水平对外开放。习近平总书记强调，开放带来进步，封闭必然落后。这是近代以来中国历史发展的重要启示。党的十八大以来，我国对外贸易、利用外资和境外投资质量稳步提升，共建"一带一路"大写意初步绘就，区域开放布局不断优化，服务开放发展的金融体系逐步形成，开放条件下经济安全保障能力日益增强，开放型经济新体制建设取得重大进展。实行高水平对外开放，推动国内国际双循环相互促进，是构建新发展格局的题中应有之义。这是以开放促改革促发展、充分发挥比较优势、提高资源配置效率的重要途径。加快构建新发展格局，必须着眼于促进国内国际大循环的良性互动，实施更大范围、更宽领域、更深层次对外开放，促进国际合作，开拓互利共赢新局面。

中国的发展离不开世界。改革开放以来，我们坚持对外开放的基本国策，实行积极主动的开放政策，形成全方位、多层次、宽领域的全面开放新格局，为我国创造了良好国际环境、开拓了广阔发展空间。我国经济深度融入世界经济，已成为世界第一大货物贸易国和主要对外投资国，我国企业、机构和人员大规模"走出去"，海外利益的广度和深度不断拓展，与世界各国的经济文化交流更加密切。当前，国际环境日趋复杂，单边主义、保护主义上升，但和平与发展仍然是时代主题，是人心所向。经济全球化虽然遇到逆流，但是今后还会在曲折中深入发展。随着新一轮科技革命的蓬勃发展，全球产业链高度分工，你中有我、我中有你，成为难以分割的有机整体，追求在全产业链各环节"包打天下"，既无必要，也不现实。要防范陷入片面强调"以国内大循环为主"、主张在对外开放上进行大幅度收缩的误区。以国内大循环为主体，绝不是关起门来封闭运行，而是通过发挥内需潜力，使国内市场和国际市场更好联通，更好利用国际国内两个市场、两种资源，实现更加强劲可持续的发展。

世界的繁荣也需要中国。今天，我国已成为 130 多个国家和地区的主要贸易伙伴和重要出口市场，市场规模位居世界前列，是世界经济增长的重要稳定器和动力源，对世界经济增长贡献率连续多年保持在 30% 左右，中国制造已经深度融入全球产业链供应链，我国在国际大循环中的地位日益突出。随着我国在世界经济中的地位持续上升，同世界经济的联系更加紧密，为其他国家提供的市场机会将更加广阔，将成为吸引国际商品和要素资源的巨大引力场。一个既坚持独立自主又坚持开放合作的中国，不仅推动着中国自身发展跃向高层次、迈向高质量，也为世界发展带来更多机遇、注入更多活力。

立足新发展阶段，贯彻新发展理念，构建新发展格局，对于我们把握自立自强和对外开放的关系提出了更高的要求。近年来，逆全球化趋势加剧，各国内顾倾向上升，国际经贸合作日益受到霸权主义和强权政治干涉，市场规则遭到破坏和践踏，大进大出的环境条件发生变化，国际经济循环格局发生深度调整，促使我们立足自身，把国内大循环畅通起来，努力炼就百毒不侵、金刚不坏之身，特别是坚持科技自立自强，努力缓解各种"卡脖子"问题，才能任由国际风云变幻，始终充满朝气生存和发展下去。同时，我们也要清醒地看到，自立自强不是闭关自守、盲目排外。中国的发展离不开世界，世界的繁荣也需要中国。身处同一个"地球村"，仅凭单个国家的力量难以独善其身，也无法解决世界面临的问题。我们必须始终以开放的态度学习吸收各国发展成果，更深更广融入世界经济，主动参与引领全球政治经济秩序变革，推动构建人类命运共同体，在开放中谋发展，在开放中保安全。

三、有效维护重点领域国家安全

"十三五"时期，我国经济安全工作机制逐步健全，涉经济安全相关政策体系日趋完善，较好保障了我国经济社会平稳健康发展，经济实力跃上新的大台阶，2020年我国经济总量超过100万亿元，人均国内生产总值连续第二年超过1万美元，人民生活水平持续提高，抵御内外部各种冲击与威胁的能力明显增强，为维护国家发展和安全提供了坚实支撑。"十四五"时期，我国面临的外部环境更趋复杂，不稳定性不确定性明显增加，国内发展不平衡不充分问题依然突出，国家经济安全仍然存在不少薄弱环节。确保国家经济安全，是在全面建成小康社会基础上开启全面建设社会主义现代化国家新征程的战略要求，是维护国家经济利益和人民长远利益的重大任务，是推动高质量发展、建设现代化经济体系的必要保障，是构建以国内大循环为主体、国内国际双循环相互促进新发展格局的重要举措。

（一）持续增强产业链供应链韧性

产业链供应链稳定是大国经济循环畅通的关键，产业链的韧性和抗风险能力，是维护国家经济安全的重要基础。经过长期努力，我国已形成比较完整的产业体系，成为全球唯一拥有联合国产业分类目录中全部工业门类的国家，220 多种工业产品产量居世界第一，制造业规模居世界首位。农林牧渔业全面发展，主要农产品产量居世界前列。服务业快速发展，新技术、新产业、新业态层出不穷。综合交通运输体系迅速发展，高速铁路和高速公路里程以及港口吞吐量均居全球首位。

同高质量发展要求相比，我国产业基础不牢、地基不稳问题仍然突出，制造业增加值占国内生产总值的比重从 2015 年的 29.0% 快速下降为 2020 年的 26.2%，核心基础零部件、先进基础工艺、关键基础材料、产业技术基础等方面对外依存度高，许多产业面临"缺芯""少核""弱基"的窘境。国际产业竞争更趋激烈，一些国家保护主义泛滥，人为阻断产业链稳定运行。发达国家实施"再工业化"战略，大力吸引制造业特别是先进制造业回流，发展中国家大力发展制造业，努力向价值链中高端延伸，我国制造业面临"双重挤压"的严峻挑战。农业发展质量效益竞争力不高，专业化、差异化、高端化生产性服务业和精细化、品质化、便利化生活性服务业发展仍较滞后。

"十四五"时期，我们要加快发展现代产业体系，持续提升产业基础高级化、产业链现代化水平。统筹推进补齐短板和锻造长板，在重点产业领域加快形成完整有韧性的产业链供应链，保持制造业比重基本稳定。实施产业链竞争力调查和评价工程，增强产业体系抗冲击能力。聚焦电子信息、计算机、生物、航空航天、新能源、新材料等产业领域基础薄弱环节，加快补齐基础零部件、基础材料、基础工业、基础技术等短板弱项。针对产业链重点领域和关键环节，主要依托企业构建关键零部件、材料、设备等备份生产、应急储备、调运配送等体系。

（二）着力维护粮食安全

作为人口众多的大国，粮食安全的主动权必须牢牢掌控在自己手中。"十三五"时期，我国粮食连年丰产，产量稳定超过 6.5 亿吨，粮食播种面积由 2015 年的 17 亿亩上升至 2020 年的 17.5 亿亩，单位面积产量由 2015 年的 365.5 公斤 / 亩上升至 2020 年的 382 公斤 / 亩，增长 4.5%，谷物自给率超过 95%，口粮自给率达到 100%，人均粮食占有量超出世界平均水平 30%，将中国人的饭碗牢牢端在自己手上。粮食储备和应急体系逐步健全，政府粮食储备数量充足、质量良好、储存安全，在北京、天津、上海、重庆等 36 个大中城市和价格易波动地区建立了 10—15 天的应急成品粮储备。粮食流通体系持续完善，粮食物流骨干通道全部打通，公路、铁路、水路多式联运格局基本形成。

随着经济社会发展，我国粮食消费总量刚性增长，粮食产需仍将维持紧平衡状态。我国粮食生产大而不强、多而不优，基础还不稳固，国际竞争力不强，抵抗自然和市场风险能力较差。部分地区存在耕地"非农化"、耕地"非粮化"现象，南方土壤酸化、北方土壤盐碱化、东北黑土地退化问题仍较突出，农业基础设施相对薄弱，抗灾减灾能力有待提升。粮食结构性供过于求和供给不足并存，质量安全风险依然存在。种质资源保护和利用仍然不足，很多种子大量依赖进口。

面向"十四五"，粮食安全工作一刻也不能放松。要制定粮食安全保障法，完善重要农产品供给保障体系和粮食产购储加销体系。强化地方各级党委和政府粮食安全政治责任，实行党政同责。深入实施藏粮于地战略，统筹衔接永久基本农田、生态保护红线、城镇开发边界，严守耕地保护红线，落实最严格的耕地保护制度，完善农田水利设施，建设高标准农田，真正实现旱涝保收、高产稳产，稳定并增加粮食播种面积和产量。深入实施藏粮于技战略，坚持农业科技自立自强，加强动植物种质资源保护与利用，深入实施现代种业提升工程，推进粮机装备自主研发和产业化。稳定和加强种粮农民补贴，提升收储调控能力，坚持完善最低收购价政策，扩大完全成本和收入保险范围，调动农民种粮积极性。深入推进优质粮食工程，深化粮食收储制度改革，加强中央储备粮食仓储物流设施建设。厉行勤俭节约，反对餐饮浪费。培育国际大粮商和农业企业集团，加强国际粮食贸易投资合作。

（三）加强能源和战略性矿产资源安全保障

能源资源安全是关系经济社会发展的全局性、战略性问题。我国是世界上最大的能源生产国和消费国，基本形成了煤、油、气、电、核和可再生能源多轮驱动的能源生产体系，2020 年原煤、原油、天然气产量分别为 39.0 亿吨、1.95 亿吨、1925 亿立方米，发电量达到 7.4 万亿千瓦时，是世界上能源自主保障程度较高的国家之一。能源输送能力显著提高，建成天然气主干管道超过 8.7 万公里、石油主干管道 5.5 万公里、330 千伏及以上输电线路 30.2 万公里。能源储备体系不断健全，综合应急保障能力显著增强。矿产资源开发利用水平不断提高，产品产量居世界前列。

同时也要看到，我国是制造业第一大国，仍处于工业化中后期和城镇化快速发展期，未来一段时间对优质资源的需求仍将高位攀升。与此同时，石油、天然气、铁矿石、铜等重要大宗矿产以及多种战略新兴产业所必需的稀有金属对外依存度居高不下，不少矿产进口来源高度集中，稳定供应容易受到各种外部因素冲击影响。矿产资源开发利用关键装备和技术较为落后，一些优势矿产资源过度开发，综合效益没有得到充分发挥，二次资源利用还存在不少问题，资源浪费现象仍然普遍存在。

展望"十四五"，我们要用好两个市场、两种资源，持续提升资源安全保障能力。推进能源革命，完善能源产供储销体系。持续加大国内石油、天然气勘探开发投入，稳妥推进煤制油气技术升级示范，夯实国内油气产量基础，有效保障核心需求。优化油气管网布局，有序发展风电和光伏发电，积极稳妥发展水电，安全发展先进核电，提升清洁能源消纳和存储能力。持续优化煤炭产能结构和布局，全面推动煤电清洁高效发展，巩固煤炭兜底保障作用。完善能源风险应急管控体系，加强重点城市和用户电力供应保障，强化重要能源设施、能源网络安全防护，完善应急保障预案。推进矿产资源节约高效开发利用，加强资源地质勘探，提高矿山资源综合利用水平，鼓励矿产资源回收利用和循环使用。深化能源资源国际合作，完善多元进口格局，持续拓展海外供应，维护战略通道和关键节点安全。培育以我为主的交易中心和定价机制，积极推进人民币结算。扩大油气储备规模，健全政府储备和企业社会责任储备有机结合、互为补充的油气储备体系，加强煤炭储备能力建设，充实战略性矿产资源储备。

（四）确保不发生系统性金融风险

金融是经济的血脉，是现代市场经济运转的基石，金融安全是国家安全的重要组成部分，是经济平稳健康发展的重要基础。"十三五"时期，我国金融事业快速发展，货币政策和宏观审慎政策双支柱调控框架建立健全，宏观审慎管理与微观审慎监管、行为监管相结合的金融监管体系建设持续推进。打好防范化解重大金融风险攻坚战，宏观杠杆率过快上升势头得到遏制，影子银行无序发展得到有效治理，重点高风险金融集团得到有序处置，高风险中小金融机构处置取得阶段性成果，互联网金融和非法集资等涉众金融风险得到全面治理，经受住了国内外各种挑战特别是新冠肺炎疫情冲击带来的考验，金融风险总体可控。

金融领域风险点多面广，既有"黑天鹅"，也有"灰犀牛"，需要我们持续专注。新冠肺炎疫情全球蔓延重创世界经济，一些国家采取了超常规货币宽松政策，随着全球经济逐步复苏，主要经济体货币政策可能转向，对我金融市场带来外部冲击。金融体系一些长期形成的隐患并未有效消除，疫情下新老问题相互交织叠加，结构复杂的高风险影子银行容易死灰复燃，银行业不良资产反弹压力骤增，一些中小金融机构资本缺口加速暴露。不法金融机构依然存在，非法金融活动屡禁不止。金融机构常态化风险处置机制尚待完善，非正规金融体系交易活动缺乏有效约束。社会信用体系不健全，失信惩戒不到位，市场透明度需进一步提高。同时，要高度警惕平台企业垄断和资本无序扩张对社会主义市场经济体系带来的冲击。

"十四五"时期,我们要推进金融治理体系和治理能力现代化,提高金融风险防范抵御能力,严守不发生系统性金融风险的底线。建立健全金融风险预防、预警、处置、问责制度体系,持续完善权责一致、全面覆盖、统筹协调、有力有效的现代金融监管体系。加强宏观审慎管理制度建设,加强功能监管,更加重视行为监管,对违法违规行为零容忍。坚持实施稳健的货币政策,保持流动性合理充裕,稳定宏观杠杆率,保持货币、股票、债券、外汇和房地产市场稳定。加强系统重要性金融机构和金融控股公司监管,强化不良资产认定和处置,防范化解影子银行风险,有序处置高风险金融机构。规范资本市场秩序,打击危害市场平稳运行的违法行为。完善债务风险识别、评估预警和有效防控机制,健全债券市场违约处置机制,推动债券市场统一执法,稳妥化解地方政府隐性债务,严惩逃废债行为。完善跨境资本流动管理框架,坚持人民币汇率在合理均衡水平上的基本稳定,有序推进人民币国际化。严厉打击非法金融活动,健全互联网金融监管长效机制。加强对重要金融基础设施的统筹监管,维护金融市场稳健高效运行和高质量发展。做好金融综合统计工作,发挥信用惩戒机制作用。在支持金融创新的同时,严防垄断、严守底线,维护市场秩序,促进公平竞争。

延伸阅读

1. 习近平:《坚持党对国家安全工作的绝对领导》,《习近平谈治国理政》第三卷,外文出版社2020年版。

2. 中共中央党史和文献研究院编:《习近平关于总体

国家安全观论述摘编》，中央文献出版社 2018 年版。

3. 中共中央党史和文献研究院编:《习近平关于防范风险挑战、应对突发事件论述摘编》，中央文献出版社 2020 年版。

第十五讲
加强党对构建新发展格局的全面领导

推进新时代中国特色社会主义事业发展，加快构建新发展格局、实现高质量发展，关键在党，关键在人。关键在党，就要加强党对构建新发展格局的全面领导，确保党始终成为中国特色社会主义事业的领导核心，在构建新发展格局中充分发挥总揽全局、协调各方作用；关键在人，就要建设一支政治过硬、本领高强的高素质专业化干部队伍，敢于担当、善于作为，把构建新发展格局各项工作部署落到实处、取得实效。

一、构建新发展格局必须发挥党的全面领导的政治优势

习近平总书记在 2020 年 12 月召开的中央经济工作会议讲话中指出："适应新发展阶段、贯彻新发展理念、构建新发展格局，必须加强党的全面领导，善于用政治眼光观察和分析经济社会问题，真抓实干把党中央决策部署贯彻到经济工作各方面。"党的全面领导是中国共产党百年来成功领导中国革命、建设和改革的经验总结

和规律概括，也是一个成熟的马克思主义政党的根本建党原则。正是因为始终坚持党的全面领导，我们才能实现伟大历史转折、开启改革开放新时期和中华民族伟大复兴新征程，才能成功应对一系列重大风险挑战、克服无数艰难险阻，才能有力应变局、战洪水、防非典、抗地震、化危机。在新发展阶段，贯彻新发展理念、推动高质量发展、构建新发展格局，必须坚持和加强党的全面领导，坚持党中央权威和统一领导，充分发挥党的全面领导的政治优势和制度优势。

坚持党的全面领导，基础在全面，确保党的领导在构建新发展格局各领域各方面全覆盖。党政军民学，东西南北中，党是领导一切的。在空间范畴，党全面领导政治、经济、社会、文化、生态文明、党的建设等各个领域。党通过对各个领域的全面领导，既总揽全局保证党的领导的方向性和原则性，又协调各方充分调动各方面的积极性、主动性和创造性。构建新发展格局的关键在于实现国内大循环、国内国际双循环相互促进，实现国内大循环涉及生产、分配、流通、消费各个环节，涉及各个地方、各个部门、许多市场主体的利益调整和动能重塑，在很大程度上是发展格局的再造。保证构建新发展格局的方向、重点和节奏，有力有序推进国内大循环，健全完善国内大市场，必然要坚持全国一盘棋的思想和部署，必然要坚持党对构建新发展格局的全面领导。坚持和加强党的全面领导是具体的，不是空洞的。党在构建新发展格局中的政治领导、思想领导、组织领导必须有机统一、协同推进，并贯彻落实到构建新发展格局的全过程，通过各地方、各领域、各方面协同发力，形成构建新发展格局的整体效应，确保党的领导更加坚强有力。

坚持党的全面领导，要坚持党中央的权威和集中统一领导，关键在集中统一。习近平总书记指出："在国家治理体系的大棋局中，党中央是坐镇中军帐的'帅'，车马炮各展其长，一盘棋大局分明。"中央委员会，中央政治局，中央政治局常委会，这是党的领导决策核心。党中央作出的决策部署，党的组织、宣传、统战、政法等部门要贯彻落实，人大、政府、政协、法院、检察院的党组织要贯彻落实，企事业单位、人民团体等的党组织也要贯彻落实，党组织要发挥作用。构建新发展格局是坚持全国一盘棋，要树立全局观和整体思维，是在全国层面构建国内大循环，并不是各自构建自己的小循环。因此，构建新发展格局很大程度上意味着要对一些地方的既有发展格局和利益格局进行调整。从短期和局部看，必然会有一些地方要舍弃部分利益，甚至可能牺牲掉暂时的发展速度，给本地区带来一些实际困难。但从长远和整体看，构建新发展格局对国家整体发展有利，对本地方的长远发展也是有利的，社会发展的客观规律和基本趋势就是推动对过去发展格局的"腾笼换鸟"，才能实现新发展格局的"凤凰涅槃"，不断满足人民对美好生活的向往，不断巩固党的执政基础。因此，坚持党的全面领导，必须增强政治意识、大局意识、核心意识、看齐意识，自觉主动、积极创造性贯彻落实党中央关于构建新发展格局的各项部署。

坚持党的全面领导，要注重发挥党的领导的政治优势。习近平总书记指出："这是世界上任何其他政党都不具有的强大优势。党中央是大脑和中枢，党中央必须有定于一尊、一锤定音的权威，这样才能'如身使臂，如臂使指，叱咤变化，无有留难，则天下之势一矣'。"能够集中力量办大事的新型举国体制，是中国特色社会主义制度的巨大政治优势。构建新发展格局要求调整发展结构和发展动

中央环保督察对某地一处化工废料填埋点进行"回头看"

能，短期内可能会给一些地方和企业带来比较大的挑战，但这些困难依靠党中央的坚强领导是能够克服和解决的。通过发挥党的全面领导的政治优势，从整体和根本上把握构建新发展格局的切入点、重点、节奏和先后顺序，把统筹推进和重点突破结合起来，对突出问题集中力量打歼灭战、迅速取得成效，同时也从整体上把握改革、发展和稳定的关系，发挥政治、经济、财政等多领域全国一盘棋的政治优势，把一个地方、一个方面发展结构调整的阵痛控制在可接受的程度内，从而在经济社会稳步发展中实现发展结构的逐步调整和新发展格局的逐步构建。

坚持党的全面领导，要加快完善党领导构建新发展格局的制度体系。党的领导是我们的最大制度优势。坚持和加强党的全面领导，维护党中央权威和集中统一领导，既要靠党员干部的政治忠诚，更要靠完善有效的领导制度体系保障。加强党对构建新发展格局的全面领导，就要把党的全面领导落实到构建新发展格局的全过程和各领域、各方面、各环节，推动党对构建新发展格局的领导制度在职能配置上更加科学合理、在体制机制上更加完备完善、在运行管理上更加高效。从领导体制机制上保证党在领导构建新发展格局中把方向、谋大局、定政策、促改革，坚持和完善党中央关于构建新发展格局重大决策部署贯彻落实的具体制度，为实现高质量发展提供根本保证。加强党委领导经济社会发展工作的制度化建设，完善党委研究构建新发展格局、定期分析经济形势、研究重大方针政策的工作机制，推动党领导构建新发展格局的制度化、规范化、程序化。加强对本地区构建新发展格局工作的领导，强化重大事项的决策权、监督权，确保党中央决策部署落到实处。

坚持党的全面领导，必须加强管党治党、全面从严治党，为构建新发展格局提供组织保证。习近平总书记在庆祝中国共产党成立95周年大会上的讲话中指出："党和人民的事业发展到什么阶段，党的建设就要推进到什么阶段，这是党的建设基本规律的要求。"党的建设是党和国家事业领导力量的建设。"十四五"时期要以推进高质量发展为主题，只有党的建设做到高质量，才能引领和推动高质量发展。要贯彻新时代党的建设总要求，深入推进党的自我革命，不断推动全面从严治党向纵深发展，加强党的政治建设、思想建设、组织建设、作风建设、制度建设，持之以恒正风肃纪，坚定不移惩治腐败，把党建设得更加坚强有力，确保党始终走在时代前列，具有无比坚强的领导力。

二、不断提高政治判断力、政治领悟力、政治执行力

党的十九届五中全会报告指出，要立足中华民族伟大复兴战略

全局和世界百年未有之大变局，心怀"国之大者"，不断提高政治判断力、政治领悟力、政治执行力，不断提高把握新发展阶段、贯彻新发展理念、构建新发展格局的政治能力、战略眼光、专业水平，敢于担当、善于作为，把党中央决策部署贯彻落实好。构建新发展格局是党中央着眼新时代中国特色社会主义事业持续健康发展作出的一项重大决策部署，各级领导干部都要切实提高对党中央决策部署的贯彻落实能力，重点提高政治判断力、政治领悟力、政治执行力。

（一）不断提高政治判断力

对事物的是非、对错和优劣等问题判断得准、预见性强，就能够未雨绸缪、提前谋划、充分准备，政治上就容易赢得主动，否则就会陷入被动。政治上的主动是最有利的主动，政治上的被动是最危险的被动。构建新发展格局是党中央根据我国现阶段整体情况作出的战略决策，是事关全局的系统性深层次变革。提高政治判断力，最重要的一条就是坚持正确政治方向，实现政治上的主动。要以国家政治安全为大、以人民为重、以坚持和发展中国特色社会主义为本，围绕构建新发展格局的重大部署，增强科学把握形势变化、精准识别现象本质、清醒明辨行为是非、有效抵御风险挑战的能力，切实提高我国在国内国际循环、分工和贸易中价值链的位置。

提高政治判断力，要对构建新发展格局重大部署加强战略性、系统性、前瞻性研究谋划，做到在构建新发展格局的重大问题和关键环节上头脑特别清醒、眼睛特别明亮，善于从一般事务中发现构建新发展格局的切入点，善于从倾向性、苗头性问题中发现构建新发展格局的重点，善于从错综复杂的矛盾关系中把握构建新发展格局的难点，坚持构建新发展格局的政治立场不移、政治方向不偏。

（二）不断提高政治领悟力

深刻系统把握党中央关于构建新发展格局一系列重大决策部署的核心要义和精神实质，首先要学懂弄通习近平新时代中国特色社会主义思想，坚持读原著、学原文、悟原理，深入了解习近平新时代中国特色社会主义思想的核心要义、精神实质、实践要求，坚持用中央精神分析形势、推动工作，始终同党中央关于构建新发展格局的部署保持高度一致。

得其大者可以兼其小。提高政治领悟力，就要关注党中央在关心什么、强调什么，切实提高政治站位，在思想上立得高、看得远，学会从中央的高度思考问题、理解政策，深刻领会构建新发展格局是党和国家最重要的利益，把贯彻落实构建新发展格局作为最坚定的立场，把实现国家高水平自强自立作为构建新发展格局的根本目标，切实把增强"四个意识"、坚定"四个自信"、做到"两个维护"落实到构建新发展格局的具体行动上，提高我国科技创新质量，提高国内国际双循环中的主动性和话语权。

提高政治领悟力，需要各级领导干部跳出事务主义和局部利益的工作方式，善于思考进入新发展阶段的大局、大势和大事，从党中央决策部署整体和人民根本利益的角度和高度来认识和理解构建新发展格局、推动高质量发展的问题，防止只从部门、地方、行业的角度权衡本地区发展的利弊得失。如果不善于从大局出发，就容易导致对构建新发展格局重要性必要性的理解不深、领悟不够，甚至囿于小我利益，产生抵触情绪，在行动中搞变通、打折扣，自然干不好本职工作。

（三）不断提高政治执行力

确保党中央关于构建新发展格局的重大决策部署在本地区本部门落地生根。构建新发展格局的根本要求是实现国内供给体系的畅通和创新。提高政治执行力，第一条是经常同中央精神对表对标，以畅通国内大循环和国内国际双循环为重点，以提高各方面创新实力为重点，切实做到党中央提倡的坚决响应、党中央决定的坚决执行、党中央禁止的坚决不做，坚决维护党中央权威和集中统一领导，做到不掉队、不走偏，不折不扣抓好党中央构建新发展格局重大部署精神的贯彻落实。

提高政治执行力，把坚持底线思维、坚持问题导向贯穿工作始终，深刻认识构建新发展格局、推动高质量发展的迫切性和重要性。当前和今后一个时期是我国各类矛盾和风险易发期，各种可以预见和难以预见的风险因素明显增多，构建新发展格局、保证国内国际供应链和产业链的安全可靠，必须坚持统筹发展和安全。增强机遇意识和风险意识，树立底线思维，把困难估计得更充分一些，把风险思考得更深入一些，下好先手棋、打好主动仗，延长能够发挥我国优势的供应链和产业链，补足供应链和产业链的短板不足，有效防范化解各类风险挑战，确保构建新发展格局顺利推进。

提高政治执行力，强化责任意识，自觉在思想上政治上行动上同以习近平同志为核心的党中央保持高度一致，进一步把思想和认识统一到党中央对国际国内形势的分析判断上来，统一到关于构建新发展格局的指导思想、必须遵循的原则、主要目标和重大决策部署上来，坚定不移把构建新发展格局要求贯彻好执行好。知责于心、担责于身、履责于行，敢于直面问题，不回避矛盾，不掩盖问题，出了问题要敢于承担责任。

三、不断提高政治能力、战略眼光、专业水平

领导14亿多人的社会主义大国，我们党既要政治过硬，也要本领高强。加强党对构建新发展格局的领导，做到政治过硬、本领高强，就要求领导干部不断提高政治能力、战略眼光和专业水平。

（一）不断提高政治能力

在领导干部的所有能力中，政治能力是第一位的。政治能力是把握方向、把握大势、把握全局的能力，是辨别政治是非、保持政治定力、驾驭政治局面、防范政治风险的能力。深刻认识构建新发展格局的重要性和紧迫性是政治能力的重要组成部分，这也是选人用人的重要标准。习近平总书记指出，选贤任能"就是要坚持好干部标准，把政治标准放在第一位。政治标准是硬杠杠。这一条不过关，其他都不过关。如果政治不合格，能耐再大也不能用"。政治上有问题的人，能力越强、职位越高，危害就越大。提高政治能力，很重要的一条就是要善于从政治上分析问题、解决问题。只有从政治上分析问题才能看清本质，只有从政治上解决问题才能抓住根本。善于从政治上看问题，才能看得明白、看得透彻。

提高政治能力，就要对"国之大者"心中有数，自觉做政治上的明白人。"知之愈明，则行之愈笃。"加快构建新发展格局，是以习近平同志为核心的党中央根据我国发展阶段、环境、条件变化，

审时度势作出的重大战略决策。构建新发展格局是事关全局的系统性、深层次变革，是立足当前、着眼长远的战略谋划。广大领导干部要善于用政治眼光观察和分析经济社会问题，切实提高政治站位，从进入新发展阶段的高度来认识构建新发展格局的重大意义、科学内涵、实现路径和工作要求。唯有如此，才能真正做到心明眼亮，增强落实党中央决策部署的自觉性和坚定性。

提高政治能力，就要坚决落实党中央作出的重大决策部署。做到"两个维护"关键要体现在行动上，要增强宗旨意识，树立正确政绩观，从讲政治的高度抓落实。构建新发展格局不是被动应对，不是权宜之计，而是与时俱进提升我国经济发展水平、塑造我国国际经济合作和竞争新优势的战略抉择，是主动作为、长期性的战略部署。要自觉用马克思主义的立场、观点、方法解决构建新发展格局过程中的具体问题、实际问题。各级党委要加强对本地区经济工作的领导，把握客观规律，结合地方实际，把中央决策部署落到实处。要适应国内外经济形势新变化，突出主题主线，改变那种单纯抓引资、抓投资、抓项目、抓生产的做法，把领导经济工作的立足点转到提高发展质量和效益、加快形成新的经济发展方式上来。贯彻落实党中央关于构建新发展格局的重大决策部署，只有多打大算盘、算大账，少打小算盘、算小账，善于把地区和部门的工作融入党和国家事业大棋局，才能既为一域争光、更为全局添彩。

（二）不断提高战略眼光

充分认识构建新发展格局对贯彻新发展理念、推动高质量发展的战略引领性作用，坚定贯彻落实党中央关于构建新发展格局重大决策部署的自觉性和主动性。真正把本地区本部门中心工作主动融入构建新发展格局国家大局，认识大局、把握大局、服从大局，自觉在构建新发展格局这个大局下思考、谋划和创造性开展工作。加快构建新发展格局有助于实现扩大内需这一战略基点，使生产、分配、流通、消费各环节更多依托国内市场实现良性循环，实现供给侧结构性改革的战略方向，促进总供给和总需求在更高水平上实现动态平衡。

构建新发展格局，要树立系统观念和整体思维。构建新发展格局，着眼于构建国内大循环和国内国际双循环，这一战略部署具有极强的全局性和系统性。当前，生产、交换、流通、消费和分配等各个环节发展不平衡不充分问题仍然突出，矛盾错综复杂，必须从系统观念出发加以谋划和解决，全面协调推动新发展格局的构建。系统观念是具有基础性的思想和工作方法。各地方各单位每一个局部的认识和落实不到位，都会影响到构建新发展格局战略部署的贯通和实现。既不抢跑，又不落后，确保自身工作与构建新发展格局的大局有序衔接。

构建新发展格局不是简单的工作调整，而是一项战略性、全局性、创新性的整体布局，涉及经济社会发展的方方面面，这对领导干部的战略眼光提出了新要求。要坚持全国一盘棋，准确把握构建新发展格局的战略基点、目标任务，防止出现"关门搞建设"，甚至在国内不同区域内人为设置屏障，阻碍国内大循环系统的构建。坚持系统性观念，打破地方保护和行业垄断，让生产、交换、流通、消费和分配各个环节贯通起来，形成良性循环的国内市场，既为国家构建新发展格局作出贡献，又为一域争光，当好构建新发展格局的排头兵和探索者。

（三）不断提高专业水平

中央经济工作会议明确要求，各级领导干部要提高专业化能力，努力成为领导构建新发展格局的行家里手。现在，我国发展领域不断拓宽，分工日趋复杂，形态更加高级，国际国内联动更加紧密，对党领导构建新发展格局的专业能力和专业水平提出了更高要求。在市场、产业、科学技术特别是互联网技术快速发展的情况下，领导干部必须有较高的经济专业水平。资本投入、安全生产、互联网金融管控等都是高风险、高技能的，如果判断失误、选择不慎、管控不力，就会发生问题甚至大问题，严重的会影响社会稳定。

构建新发展格局，意味着要重新调整战略布局和发展方式，要补短板、强弱项，要更加注重改善营商环境、提升政府服务水平等。这对领导干部的思维、能力、水平和工作作风都提出了新要求。无论是分析形势还是作出决策，无论是破解发展难题还是解决涉及群众利益的问题，都需要专业思维、专业素养、专业方法。那种习惯于拍脑袋决策、靠行政命令或超越法律法规制定特殊政策的做法，已经很难适应新形势新任务的需要。要更加注重对国内外经济形势的分析和预判，完善决策机制，注重发挥智库和专业研究机构作用，提高科学决策能力，确保制定的重大战略、出台的重要政策措施符合客观规律。

要更加自觉地运用法治思维和法治方式构建新发展格局。社会主义市场经济本质上是法治经济，党在领导构建新发展格局中必须坚持法治思维、增强法治观念，先立规矩后办事，做到于法有据。改变靠行政命令来构建新发展格局的管理方式，更加自觉地运用法治思维和法治方式来深化改革、推动发展、化解矛盾、维护稳定，依法构建新发展格局。领导干部尤其要带头依法办事，依法协调和处理在构建新发展格局中出现的各种利益问题，避免"埋钉子""留尾巴"。

四、坚决贯彻落实党中央关于构建新发展格局决策部署

当今世界面临百年未有之大变局，全球经济持续低迷，单边主义、保护主义、霸凌行径上升，我国发展面对更多逆风逆水的外部环境。我国已转向高质量发展阶段，但发展不平衡不充分问题仍然突出，重点领域关键环节改革任务仍然艰巨，许多方面还存在短板、弱项。构建新发展格局，坚持党的全面领导，必须有一支政治过硬、本领高强、具备现代化领导能力的干部队伍。各级领导干部要带头履职尽责，担当作为，着力破解突出矛盾和问题，防范化解风险挑战。要以党的初心使命激发全党团结奋斗的不竭动力，以正确用人导向激励各级领导干部和广大干部群众干事创业，凝聚最广大人民群众奋斗"十四五"、奋进新征程的强大力量。

提高领导干部构建新发展格局的全盘谋划和明确重点的决策能力。善于结合地方和部门实际，把党中央作出的重大决策及时精准转化为具体政策和法规，注重发挥各级党组织的领导优势，加强地方和部门间协调配合，增强战略一致性和行动协同性。建立构建新发展格局任务书、时间表和路线图的工作台账，及时对账、严格销账，完善评估机制，抓好重大决策落实情况的督促检查。

提高领导干部在构建新发展格局中的改革攻坚能力。构建新发展格局面临不少新情况新问题，要善于运用改革思维和改革办法，统筹考虑短期应对和中长期发展，既要在战略上布好局，也要在关

键处落好子。加快推进有利于提高资源配置效率的改革、有利于提高发展质量和效益的改革、有利于调动各方面积极性的改革，聚焦重点问题，加强改革举措的系统集成、协同高效，打通淤点堵点，激发整体效应。把构建新发展格局同实施国家区域协调发展战略、建设自由贸易试验区等衔接起来，在有条件的区域率先探索形成新发展格局，打造改革开放新高地。

提高领导干部狠抓落实确保成效的能力。各级领导干部既要挂帅，又要出征，在构建新发展格局中要亲自抓、带头干，做到重要改革亲自部署、重大方案亲自把关、关键环节亲自协调、落实情况亲自督查，扑下身子、狠抓落实，带头落实、以上率下。以钉钉子精神抓落实，反复抓、抓反复，揪住不落实的人、抓住不落实的事，确保构建新发展格局的战略性和创新性举措落到实处、见到成效。在学中干、在干中学，在实践中培养和提高专业精神、丰富专业知识、提高专业能力，不断提高贯彻新发展理念、构建新发展格局、推动高质量发展的能力和水平。

提高领导干部领导构建新发展格局的专业化水平。加快培养选拔政治强、业务精、敢作为、作风正的领导干部，充实各级领导班子，让领导干部和领导班子真正担当起引领构建新发展格局的重任。各级领导干部要自觉加强学习，增强领导能力，提高管理水平，注重专业素养，不断增强作决策、做工作、抓管控的原则性、系统性、预见性、创造性。加强对干部在构建新发展格局方面的专题培训，针对干部的知识空白、经验盲区、能力弱项，开展精准化的理论培训、政策培训、科技培训、管理培训、法规培训，突出针对性和实效性，从而增加兴奋点、消除困惑点，增强构建新发展格局的工作责任感和使命感，增强适应新形势新任务的信心和能力。

加强高素质专业化干部队伍建设，为构建新发展格局提供组织保障。各级党组织要把严格管理干部和热情关心干部结合起来，既要求干部自觉履行组织赋予的各项职责，严格按照党的原则、纪律、规矩办事，不滥用权力、违纪违法，又对干部政治上激励、工作上支持、待遇上保障、心理上关怀，让广大干部安心、安身、安业，推动广大干部心情舒畅、充满信心，积极作为、敢于担当。把干部在推进改革中因缺乏经验、先行先试出现的失误和错误，同明知故犯的违纪违法行为区分开来；把上级尚无明确限制的探索性试验中的失误和错误，同上级明令禁止后依然我行我素的违纪违法行为区分开来；把为推动发展的无意过失，同为谋取私利的违纪违法行为区分开来，保护那些作风正派又敢作敢为、锐意进取的干部，最大限度调动广大干部的积极性、主动性、创造性，激励他们更好带领群众干事创业，不断开创社会主义现代化建设新局面。

延伸阅读

1. 习近平：《论坚持党对一切工作的领导》，中央文献出版社 2019 年版。

2. 全国干部培训教材编审指导委员会组织编写：《全面加强党的领导与党的建设》，党建读物出版社、人民出版社 2019 年版。

后 记

本书由中央组织部和中央财办牵头，中央党校（国家行政学院）、国家发展改革委、科技部、工业和信息化部、人力资源社会保障部、自然资源部、生态环境部、住房城乡建设部、农业农村部、商务部、中国人民银行、中国社科院、国务院发展研究中心等单位参与编写。中央财办分管日常工作的副主任韩文秀担任编写组组长。参与本书调研、编写和修改工作的主要人员有：尹艳林、卢嘉、邝希聪、冯运卿、成得礼、伞锋、刘黎明、刘德成、孙磊、孙福全、李哲、李航、李志龙、吴敬、邹磊、张弛、张勇、张琦、张志明、张国玉、张璐琴、林彬、欧阳儒彬、罗雨泽、赵建、赵鹏、赵星烁、钮钦、俞海、姚珺、夏冰清、梅东海、黄群慧、梁玢、梁明蕙、彭超、谢秀珍、蔡尔津、廖翀、戴革。参加本书审读的人员有：王一鸣、蔡昉、薛澜。在编写过程中，中央组织部干部教育局会同中央财办秘书局负责组织协调工作，党建读物出版社等单位给予了大力支持。在此，谨向所有给予本书帮助支持的单位和同志表示衷心感谢。

全国干部培训教材
编审指导委员会办公室
2021 年 11 月

图书在版编目（CIP）数据

构建新发展格局干部读本 / 全国干部培训教材编审指导委员会办公室组织编写. — 北京 : 党建读物出版社，2021.11

ISBN 978-7-5099-1446-5

Ⅰ.①构… Ⅱ.①全… Ⅲ.①中国经济—经济发展—干部教育—教材 Ⅳ.①F124

中国版本图书馆CIP数据核字（2021）第219987号

构建新发展格局干部读本

GOUJIAN XINFAZHAN GEJU GANBU DUBEN

全国干部培训教材编审指导委员会办公室　组织编写

责任编辑：郝英明　季利清　何羽

责任校对：张学民

封面设计：嘉信一丁

出版发行：党建读物出版社

地　　址：北京市西城区西长安街80号东楼（邮编：100815）

网　　址：http://www.djcb71.com

电　　话：010-58589989 / 9947

经　　销：新华书店

印　　刷：北京尚唐印刷包装有限公司

2021年11月第1版　2021年11月第1次印刷

710毫米×1000毫米　16开本　18印张　203千字

ISBN 978-7-5099-1446-5　定价：42.00元

本社版图书如有印装错误，我社负责调换（电话：010-58589935）